우물쭈물 살 뻔했다

우물쭈물 살 뻔했다

▶ 프롤로그

조지 버나드 쇼의 묘비명에는 이렇게 쓰여져 있다.

"I knew if I stayed around long enough, something like this would happen."
(우물쭈물하다 내 이럴 줄 알았다)

나는 이런 묘비명을 갖고 싶지 않다.
내 묘비명에는 이런 문구가 새겨졌으면 좋겠다.

"I knew if I lived with purpose(in Him), something like this would happen."
우물쭈물 살 뻔했다. (망설이지 않았더니 이런 멋진 일이 일어났다.)

또는 유쾌하게 표현해보자면 이렇게 말이다.

"하고 싶은 건 다 해보고 잘 놀다 갑니다!"

39년을 살아오면서 수많은 '나중에'라는 말로 미뤄왔던 것들이 있었다. 그런데 2021년 7월 2일, 갑작스럽게 찾아온 기스트GIST 희귀암은 내게 '나중에'라는 단어를 지워버렸다. 아니, 지워주었다고 해야 맞겠다.

이 책은 암환자가 된 내가 어떻게 다시 일어서서 꿈을 향해 나아가는지에 대한 이야기다. 절망 속에서도 희망을 잃지 않고, 의미 있는 삶을 살아가려는 한 사람의 솔직한 기록이다.

▶ 목차

프롤로그 · 4

PART 1. 예상치 못한 만남
어느 무더웠던 7월의 하루 · 12
위와 식도를 떠나보내며 · 21
난 암에 걸릴 것을 알고 있었다 · 29

PART 2. 흔들리는 일상
결혼과 암, 두 인생의 전환점 · 43
암환자에게 닥친 아픈 현실 · 51

PART 3. 혼자가 아님을 깨닫다

책 한 권이 만들어낸 기적 · 62

암환자들의 커뮤니티 · 71

두 개의 씨앗 · 80

PART 4. 삶과 죽음 사이에서

네 가지 철학적 개념이 준 선물 · 96

니의 시간을 살아기야 하는 이유 · 106

비비불(비난, 비판, 불평) 금지 · 109

PART 5. 멈출 수 없는 삶의 걸음

암 너머의 꿈을 그리다 · 126

션씨다해의 탄생 · 131

암환자의 빛나는 삶을 위해 · 135

아버님! 제가 선배입니다. 암선배요 · 140

그냥 암환자가 아닌 건강한 암환자 · 147

나의 다해리스트 10가지를 소개합니다 · 157

암환자들에게 전하는 실질적 조언 · 169

부록

암환자 특권과 암티켓 · 178
CHAT GPT가 알려준 암티켓 10가지 · 182

에필로그. 고마움의 인사 · 190

저자 소개 · 204

PART 1

예상치 못한 만남

암이라는 산과 마주하다

▶ 어느 무더웠던 7월의 하루

그날은 굉장히 무더운 날이었다. 내가 제일 좋아하는 상쾌한 에어컨 바람이 특히나 반가웠어야 할 그날, 이상하리만큼 반갑지 않고 불쾌하게 느껴져 더운 날씨에도 가게 밖 복도에서 왔다 갔다 하며 안절부절못했다. 평소와는 다른 메스꺼움과 뭔가 더부룩함 때문에 복도 끝 화장실로 빠른 걸음을 옮기고 있었다.

'뭔가 이상한데? 어떡하지? 어떡하지…?'

라는 생각이 머릿속을 가득 채웠다.

평소와 같지 않은, 아무도 없는 그 화장실 안에서 든 생각은 '빨리 이곳을 탈출해야겠다'였다. 이곳에 계속 있다가는 꼭 이곳이 마지막 장소가 될 것 같은 예감이 강하게 들었기 때문이다.

화장실을 박차고 나와 다시 가게로 향하다가 가게 옆 한의원에 들어가 도움을 청하려 했다. 자동문을 열자마자 강한 에어컨 바람이 칼바람처럼 내 살을 에워내는 듯했고, 그 바람의 매서운 손길이 너무 아파서 문턱도 넘지 못하고 문 밖 복도에 주저앉아버리고 말았다.

식은땀이 비 오듯이 흘렀다. 머리가 빙빙 돌았다. 학원 수업이 끝나고 나오는 아이들의 소리, 그리고 내 귓가에 들리는 소리는 수학학원 원장님의 목소리였다.

"사장님 괜찮으세요?"
"아니요. 저… 119 좀 불러주세요!!"

말이 끝나기가 무섭게 엄청난 양의 피를 토했다. 아니 뿜었다는 표현이 더 적절할 것 같다. 얌전한 토(?)가 아닌 급하고 강하게 흩뿌린 듯한 성난 혈토였다.

'어디서부터 잘못되었을까?

점심 먹고 운동을 바로 가서 무리를 한 걸까?

어? 근데… 이상하네. 오늘 선지 같은 거 먹은 적이 없는데….'

출혈량이 심했다.

쇼크로 인해 숨을 헐떡거리며 의식을 잃어가고 있었다. 혈액 내 헤모글로빈이 산소를 운반한다고 하는데 그걸 몸소 체험한 느낌이었다. 갑자기 119 구급대원분들이 어떤 주사 같은 걸 놓는 것 같았고 난 이내 숨을 잘 쉴 수 있게 되었다.

계속 들려오는 질문들.

"이름이 어떻게 되세요?"

"나이가 어떻게 되세요?"

'왜 이렇게 똑같은 걸 계속 물어보는 걸까?'

생각했다가 이내 성실하게 답변을 했다. 내 의식이 어디론가 헤매고 있는 건 아닌지 확인하려던 거였으리라….

정신이 조금 들고 들것에 실려나가기 전, 난 엉뚱하게도 핸드폰을 들어 내 혈토로 처참하게 된 상황을 사진에 담았다. 왜 그랬는지 모르겠지만 마지막이 될지도 모르는 이런 상황을 기록하고 싶기도 했고, 나중에 의사 선생님께 내 몸에서 이상한 게 나왔다고 보여줘야 되지 않을까 하는 생각에서였다.

그리고 난 구급차에 몸을 맡기게 되었다.

응급실에 들어갔다. 아니 실려갔다. 응급실 침대로 옮겨지는 순간 정신이 없었다. 의사 선생님들과 간호사분들이 우르르 오셔서 산소줄을 연결하고 이것저것 정신없이 조치를 취했다. 피에 젖은 바지를 벗기고 환자복으로 갈아입혀주시고….

다시 익숙한 질문을 받았다.

"환자분 이름이 어떻게 되시죠?"

평생 동안 이날만큼 내 이름을 많이 얘기한 적이 없었던 것 같다.

제일 먼저 달려온 가족은 엄마였다. 마침 엄마는 병원과 정말 가까운 누나 집에 계셨던 터였다. 보호자는 한 명만 들어올 수 있다고 했다. 엄마는 걱정스러운 얼굴로 물어보셨다.

"괜찮아?"
"괜찮아요"

나도 너무 놀랐는데, 괜찮을 리가…
하지만, 걱정 끼쳐드리기 싫었다.

아내가 와서 엄마와 바톤터치를 했다.
처음 보았다. 아내의 눈물이라니… 슬픈 영화나 드라마를 봐도 나만 눈물을 훔치기 바빴지, 아내는 한 번도 눈물을 흘린 걸 본 적이 없었기 때문에… 나 때문에 눈물을 흘리는 걸 보니 마음이 너무 아렸다. 아내를 위로하고 싶었다. 웃게 해주고 싶었다.

"나 괜찮아. 그래도 나 피토하는데 우리 가게 앞에다 안 하고 가게 옆 한의원 앞에다가 (죄송하지만) 한 거 알지? 내가 참 판단이 빠른 것 같아…."

울음을 그친 아내를 보니 실없는 농담이라도 잘했다 싶었다.

당직선생님이 오셨다. (나중에보니 당직선생님이 수술 집도의셨다)

39년 평생 무서워서 그리고 시간이 없다는 핑계로 내시경 한 번 안 해봤는데 갑자기 생짜로 내시경을 해야 한다고 했다. 수면마취로 내시경을 하면 안되서 이 방법밖에 없다고 하셨다. 좀 괴롭긴 했지만 베테랑 선생님의 실력과 입담("괜찮아요, 괜찮아요" 하고 안심시키는?) 덕분에 생애 첫 위 내시경을 잘 마칠 수 있었다.

"어? 이거… 기스트* 같은데? 맞는 것 같은데…"

선생님의 혼잣말….

일단 기스트가 뭔지 모르겠고 이름이 있는 거 보니 예

---

* **기스트**(GIST: Gastrointestinal Stromal Tumor)
- 위장관 기질종양으로 위, 소장, 대장 등에서 발생
- 100만 명 중 10명 미만이 걸리는 희귀암
- 일반적인 항암치료가 듣지 않아 표적치료제 사용
- 조기 발견이 어려워 응급상황으로 발견되는 경우가 많음

PART 1. 예상치 못한 만남

사 놈은 아닌 것 같았다. 긴급수술을 해야 한다고 했다. 식도 하부와 위 상부에 종양이 하나 있는데 조직검사를 제대로 해야 악성인지 양성인지 알 수 있겠지만, 어쨌든 이놈이 파열된 것이었다. 종양이 터지면서 그 피가 위로 들어가니 메스꺼웠을 것이고, 그 피가 위에 차니 그 피를 토한 거라고 하셨다. 불행 중 다행인 건 종양이 안쪽 바깥쪽에 동시에 있는데 바깥쪽에서 터졌으면 큰일인데 장기 내부로 터졌다는 것이었다.

이렇게 난 기스트와 처음 만나게 되었다.

수혈을 하고 긴급수술을 위해 수술대기실에 누워있는데 천장에 적혀있는 성경구절 하나가 눈에 들어왔다. 아버지께서 수능시험을 보기 전 기도해주시면서 읊어주셨던 그 성경구절과 같았다.

"두려워하지 말라 내가 너와 함께 함이라 놀라지 말라 나는 네 하나님이 됨이라 내가 너를 굳세게 하리라 참으로 너를 도와 주리라 참으로 나의 의로운 오른손으로 너를 붙들리라." (이사야 41:10)

난 지금은 죽고 싶지 않았다.

사실 죽음이 무섭지는 않지만 더 무서운 건 아무것도 이룬 것 없이 하나님 곁으로 가야 한다는 사실, 그리고 내 주위 사람들, 특히 아내와 부모님께 내가 먼저 감으로써 상실감을 안겨주고 그런 큰 슬픔을 주게 된다는 사실이 더 무섭고 싫었다.

하지만 내 목숨을 내 마음대로 할 수 있을까? 생명은 나에게 있는 게 아니라 하나님의 손에 달렸다는 사실 또한 알고 있었다. 그래서 기도를 드렸다. 기도라기보다는 간절한 땡깡을….

'하나님~ 전 압니다. 제 생명이 하나님의 손에 달려있다는 것을요. 나를 살리시는 것도 하나님이시고 죽이시는 것도 하나님이심을 압니다. 하나님께서 제게 무언가 뜻이 있으실 줄 압니다. 저를 살리시고 이 땅에서 할 수 있는 걸 하고 곁으로 갈 수 있도록 저를 살려주세요! 아직 죽고 싶진 않습니다.'

"하나, 둘, 셋… 마취제 들어갑니다…."

눈을 떴다. 눈을 뜨기 살짝 두려웠다. 하나님의 곁일까? 이곳은 어디일까? 병원 천장이 보이는데 날이 어두웠다. 타닥타닥 귓가를 스치는 빗소리… 그날은 7월 3일 토요일, 비가 내리는 날 입원실이었다.

'나 아직 살아있구나…. 하나님 감사합니다.'

◗ 위와 식도를 떠나보내며

"정확한 건 조직검사 결과가 2주 후에 나와야 알 수 있습니다만 아직 암환자라고 말씀드리는 게 아니니 신경 안 쓰셔도 되고요. 위 상부와 식도 하부를 절제하셨기 때문에 영양사님이 식사나 식단 어떻게 하셔야 하는지 교육하실 텐데 도움이 되실 거 같아서 상담 넣어놓겠습니다."

내 손에 쥐어진 식단 자료에는 '위 절제 후 암환자를 위한 식단 및 식이요법'이라고 써져 있었는데, 암환자라는 단어를 볼펜으로 그으시면서 말씀하셨다.

응급수술을 진행한 후 눈을 떠보니, 난 위와 식도가 없는 남자가 되어 있었다.

정확히 말하면 식도 하부와 위 상부를 절제한 상태. 혹시나 해서 림프절도 제거를 하셨다고 선생님께서 말씀하셨다. 다행히 당직 선생님이 실력이 좋으셔서 복강경으로 수술을 진행할 수 있었고, 수술은 아주 성공적으로 잘 되었다고 하셨다. 대신 복부에 3개의 구멍을 뚫어 수술을 진행했기 때문에 나는 배에 3개의 구멍을 영광의 상처(?)로 얻게 되었다.

입원실에서 눈을 뜬 후 너무나 아파서 움직이는 것조차 힘들었다. 마취제와 진통제가 계속 들어오면서 (당연했겠지만) 정신이 없었을 뿐더러 누워있고만 싶었다. 큰 수술을 겪은 분들은 다 알겠지만 그때로 다시는 돌아가고 싶지 않을 정도로 통증이 심했고 너무 힘들었다. 갈증이 너무나서 물을 마시고 싶었지만 복부의 가스가 나오지 않아서 물 포함 절대 금식이었던 상황.

맞는 비유일지 모르겠지만 흡사 그 갈증은 예수님이

십자가 위에서 "내가 목마르다" 하셨던 갈증. 감히 비교할 수 없지만 예수님이 느끼신 갈증의 억만분의 일 정도는 체험하는 듯했다.

누가복음 16장에 나오는 부자도 생각이 났다. 지옥에 있는 부자가 너무나 목이 말라

> "아버지 아브라함이여 나를 긍휼히 여기사 그 손가락 끝에 물을 찍어 내 혀를 서늘하게 하소서" (눅 16:24)

지옥의 형벌 가운데에서 했던 부자의 절규. 그 부자가 느끼는 갈증의 억만분의 일 정도는 알 것 같았다.

너무 힘들어하는 내 모습을 보고 아내가 손수건에 물을 적셔 입술에 물을 묻혀주었다. 그 한 방울의 물이 발끝까지 퍼지는 느낌을 고스란히 느낄 수 있었다.

입원생활(?)이 시작됐고 병원에서 회복시간을 갖게 되었다.

많이 걸으라 하셔서 매일 병원 안팎을 돌아다니기 시작했다. 코로나 시국이라, 코로나 검사결과가 음성이어야만 들어올 수 있었던 상황이라서 아무나 병원으로 들어올 수 없었는데 그래서 병원 규모에 비해 한적했고, 다행히 아내의 부축을 받으며 병원 곳곳을 유유히 돌아다닐 수 있었다.

처음에는 침대에서 일어나는 것조차 너무 어렵고 힘들었다. 부축을 해도 어려웠다. 수술 후 쪼그라진 장기가 제대로 자리를 잡아야 하고 근육이 수축되어 있는 상태였기 때문이다. 시간이 지나면서 차츰 나아졌다. 개복수술이 아니어서 이렇게라도 회복 시간이 짧아질 수 있다는 점에 감사했다.

걷다 보니 복부의 가스도 나왔고 그때부터 물도 조금씩 마실 수 있게 되었고, 음식도 미음으로 시작해서 조금씩 정상적인 일반 식사를 할 수 있게 되었다. 예전과 같은 식사는 할 수 없었다. 10분이면 해치웠던 식사가 100분의 식사로 바뀌었다. 식도 하부를 절제하면서 항문에만 있는 줄 알았던 식도 하부의 괄약근이 없어져버렸기 때문에 빨리 먹으면, 아니 일반인들의 속도로 먹게 되면, 음식이 들어가는 속도를 조절할 수 없고 바로 소장으로 급격히 이동하면서 덤핑증후군**을 겪게 되었다. 오심, 구토, 현기증은 기본이어서 먹는 게 힘들었다.

또 나를 힘들게 하는게 있었는데, 공 3개를 들숨으로 들어야 한다고 했다. 수술당시 전신마취를 했기 때문에 쪼그라들어진 폐를 원상태로 만들기 위함이었다. 전문용어로 강화폐활량계inspirometer라 불리는 장난감같이 생긴 이 기구는… 뭐랄까… 정말 넘기 힘든 벽이었다.

보기에는 정말 단순하고 쉬워 보이지만 아내를 비롯 아빠, 엄마 등등 정상적인 일반인도 공 3개를(2개도 솔직히 힘들다) 들기가 정말 힘든데, 이 3개를 올려야 퇴원을 할 수 있다고 했다.

빨리 회복하기 위해 걷고 또 걸었다. 공놀이 기구(라고 부르자!)를 겨드랑이에 끼고 다니면서 시간이 날 때마다

** 덤핑증후군이란?
- 위 아전절제술이나 위 전절제술로 인해 섭취한 다량의 음식물이 정상적인 소화 과정을 거치지 못하고, 소장으로 급격히 이동하면서 발생
- 증상: 오심, 구토, 현기증, 발한, 빈맥, 쇄약감, 심계항진
- 예방법: 소량씩 자주 먹기, 천천히 먹기, 수분 섭취 시간 조절

PART 1. 예상치 못한 만남

열심히 했다. 그러다 보니 어느덧 퇴원이라는 선물이 주어졌고 난 제법 잘 걸어다니고, 활기도 다시 찾게 되었다.

병원산책을 하던 어느날, 교회가 가고 싶어졌다.
내가 수술하고 입원했던 이대서울병원(마곡)은 기독교 정신에 입각한 의료원이기 때문에, 교회가 분명히 어딘가 있으리라 생각했다. 어디에 있을까…. 드디어 교회를 발견할 수 있었다. 작지만 아름다운 교회, 난 교회 구석자리에 앉았고, 자연스럽게 기도를 드리기 시작했다.

"하나님! 전 느껴집니다. 제가 암환자가 되었다는 사실을요. 감당할 만한 시련만 주신다고 하신 말씀을 기억합니다. 그런데 한 가지 소망이 있다면, 항암을 하지 않는 초기라면 너무 좋겠습니다."

공 3개를 들수 있게 되었다. 내게 남은 건 2주 후 조직검사 결과였는데, 2주란 시간은 정말 정신적으로 너무 힘든 시간이었다. 아마 나보다 아내가 더 그러지 않았을까? 매일밤, 잠을 설쳤다.

드디어 결전의 날!!! 조직검사 결과를 듣기 위해 수술해주신 선생님을 만나러 갔다. 선생님은 활짝 웃으면서 말씀하셨다.

"암 맞네요. 기스트암입니다."

너무 활짝 웃으며 말씀하셔서 '뭐지?농담하시는 건가?' 라는 생각까지 들었다.
그런데 아니었다.
(훗날 생각해보니 어두운 분위기에서 침울하게 말씀하셨다면 그 분위기에 압도되어 더 힘들어하지 않았을까 하는 생각을 해보니 선생님이 현명한 판단을 하셨다는 생각이 든다)

'그래 그건 어렴풋이 알고 있었어! 그렇다면 위험군 레벨은???'

선생님은 나의 속마음을 읽는 듯 했다. 이어지는 얘기로는

"종양 크기는 4.5cm 정도로 중위험군에 속하는데 악성세포분열개수가 많고 분열 속도도 빨라서 고위험군입니다."

눈앞이 캄캄해졌다.

기스트라는 희귀암은 백만 명 중에 10명도 채 걸리지 않는 희귀암인데 거기에 당첨된 것도 모자라 고위험군이라니… 고위험군이라는 건 이제 항암을 해야 한다는 뜻이었기에 눈앞이 캄캄하고 아찔했다.

"너무 걱정 마시고요. 혈액종양내과 선생님 진료 잡아놓겠습니다."

.

.

.

이렇게 난 식도와 위가 없는 것도 모자라, 희귀암인 기스트암 고위험군 환자가 되었다.

▶ 난 암에 걸릴 것을 알고 있었다

'그래도 늘 평온하게 살았던 내가 왜 암환자가 되었을까?'
'난 어떤 것에 스트레스를 받아서 이렇게 된 것일까?'
'왜 나일까?'

처음에는 내가 암환자가 된 것에 대한 아무 불만이나 불평이 없었다.
그냥 그러려니 했던 것 같다. 그런데 시간이 지나면서 아내와 다툴 때 혹은 내 마음대로 내 몸뚱이가 움직이지 않을 때 또는 이전과 같은 활동이나 생활을 하지 못할 때

특히 그런 생각, 그런 불평, 불만이 짙게 새어 나왔다.

나는 어떠한 원인을 찾고 있었다.

그게 아닌 걸 알면서도 누군가 혹은 무엇 때문에 이리 됐다는 희생양을 찾고 있었다. 물론 이유가 있긴 했었을 것이다. 인과관계는 떼려야 뗄 수 없는 게 아닌가. 그래서 암환자가 된 결과가 있기 때문에 원인은 무조건 있는 게 맞는 것이다. 하지만 그렇다고 해도 암이라는 게 정확한 이유가 있으리라고는 만무하다. 그러니까 상세불명의 악성 신생물에 의한 발병이라고 하지 않은가.

난 사실 암에 걸릴 것을 알고 있었는지도 모른다.

암에 걸려 쓰러지기 3년 전에 꿈을 꾸었기 때문이다.
꿈에서 깬 이후에도, 그 꿈의 내용이 너무 강렬하고 생생했다. 꿈을 꾸고 난 그 다음날 오후, 전화 한 통이 걸려왔는데 평소에도 많이 받는 암보험 전화였다. 평소였다면 바쁘다며 그냥 넘어갔을 전화였지만 그 꿈이 찜찜해서 전화 한 통에 덜컥 암보험을 들었다.

그리고 3년 후, 난 암에 걸렸다.

그 꿈은 이러했다.

꿈의 배경은 병원이었다. 내 배를 보니 큰 구멍 3개가 있었고 그 구멍에서는 연기가 나고 있는게 아닌가? 난 그 3개의 구멍에 손을 집어넣어 보면서 징그럽다, 아프다 하면서 옆에 있는 친구 두 명에게 이런 상황을 이야기 해주고 있었다. 그리고 옆을 보니 그 친구들 2명의 배에도 똑같이 구멍 3개가 뚫려 있었다. (꿈에서) '이건 암 때문인가?' 라는 생각을 했다.

그리고 잠에서 깼다.

뭔지 모를 이 꿈은 소름끼칠 정도로 정확하게 맞아떨어졌다.

난 응급으로 실려가서 수술을 받았고 복강경으로 위, 식도 절제술을 받았는데 복강경으로 하는 수술은 절개를 하지 않고 하는 수술이기 때문에 배꼽 쪽으로 구멍 하나 그리고 오른쪽 복부 상부에 구멍 두 개를 뚫어 수술을 진행했던 것이다. 정확히 복부에 구멍이 3개가 났다.

우스갯소리로 이럴 줄 알았으면 암보험을 더 들어놓을 걸… 하는 대화도 아내와 했다.

결과론적이긴 하지만 의식 어딘가에서 희미하게나마 예상하고 있었던 암 이었기에 암 선고를 받았을 때도 내게 어마어마한 충격으로 다가오지는 않았다.

【독자를 위한 팁】암보험 가입 시 체크사항
 1. 진단금액과 수술비 보장 범위 확인
 2. 표적치료제 보장 여부 확인
 3. 고액암과 일반암 구분 확인
 4. 갱신형과 비갱신형 비교
 5. 가입 전 건강검진은 신중하게

PART 2

흔들리는 일상

변화와 적응의 시간

▶ 암이라는 렌즈로 세상 다시 보기

"어디 있지? 아, 찾았다!!"

집에 오자마자 가장 먼저 한 일은, 고이 모셔놨던 나이키 조던 농구화 박스를 과감히 개봉, 신발을 꺼내 현관 바닥에 철퍽 던진 것이었다. '요단강을 건넜다면, 이 신발도 못 신을 뻔했잖아?' 라는 생각이 들었기 때문이었다.

'아끼다가 똥 된다!' 라는 말이 있듯이 이 놈의 신발이 뭐길래… 아끼다가 한 번도 못 신고 버려지게 되거나 아니면 내 관에 함께 들어갔을지도 모를 그런 물건이 되느니 아끼지 말고 신자!! 아님 차라리 기부하자!!라는 생각이 들었던 것이다.

어릴 때 조던 농구화를 너무 신고 싶었지만 가격이 10만 원이 훌쩍 넘는 조던 농구화 대신 프로스펙스에 만족하게 된 이후 (그렇다고 프로스펙스가 안 좋다는 건 아니다!! 프로스펙스도 훌륭하다!!) 까맣게 그 어릴 때의 욕망을 잊고 살았다.

수년 전에 산 조던신발은 작은 투자였지만 투자금에 비해 괜찮은 수익으로 이어진 적이 있었는데, 그걸 기념하며, 내게 준 선물이었다.
회사 근처 조던 매장에 가서 검은색 조던 농구화와 바람막이를 구매했다. 처음 산 조던 농구화였기에 아끼고 아꼈던 터였다.

암환자가 된 후, 제일 많이 바뀐 생각은 어떤 깃이든 소중하게 여기고, 아껴 써야 하는 건 맞지만 그게 너무 지나쳐서는 안 된다는 것이었다.

그렇게 변화의 첫걸음은 검정색 조던 신발에서부터 시작하게 되었다.

그 후로 아끼다 똥 될 뻔한 그런 다른 물건들을 게임 속 보물처럼 고이 모셔놓지 않고 마음가는 대로 바로바로 쓰게 되었다.

아끼던 물건을 쓰기 시작했더니 더 이상 안 쓰는 물건도 눈에 들어오게 되었다. 정리를 하기 시작했다. 특히, 옷은 정리하다 보니 50리터로 20봉지 이상이 나왔다. 굿윌스토어에 다 기증했지만 그래도 남은 물건들이 아직 많았다.
지금 당장 쓰지 않더라도 물건에 기억과 추억이 깃들면 그것 때문에 버리기 힘들어지는 것 같다. (그래서 아직도 정리가 진행 중이다.)

버리고 정리해야 하는 건 물건만이 아니었다.

암환자가 되어 항암을 하다 보니 항암 부작용 탓인지 아니면 위를 대신하는 소장과 괄약근이 없는 부족한 식도가 자리를 잡아가며 일으키는 반항(?) 탓인지, 잘 먹지를 못했다. 정확히는 먹어도 다 게워내기 시작했다. 물 빼고는 다 게워내다 보니 살도 많이 빠지게 되었고, 살이 쭉쭉 빠지니 체력은 바닥이 되고 있었다. 그렇게 평범한 일상이 무너지고 있었다.

    이전의 모습을 버려야 했다.

    건장했던 내가 빈약한 나로 되어가는 그 과정과 모습을 두 눈으로 확인하는 건 너무 비참했다. 두 주먹 불끈 쥐면 느껴지던 힘이 전혀 느껴지지 않았다. 그 변화를 인정하는 게 왜 그리 어렵던지… 암환자가 되어 스펙터클하게 뭔가 달라졌다 라기보다, 할 수 있었던 것을 하지 못하게 되는 상황이 많아졌고, 생각도 하지 못한 것을 해야만 하는 것도 많아졌다.
    뭔가를 할 때 생각이 많아지고 고민이 많아지는 건 모든 암환자들의 공통점이 아닌가 싶다.

    살아가는 삶의 속도가 시속 30킬로에서 갑자기 10킬로, 아니 5킬로로 느리게 흘러갔다. 삶의 시간은 흘러가지만 느낌상으로는 모든 게 정지되어 버린 것 같았다. 병원에서 혼자 걸으며, 갑자기 떠오른 찬양이 있었다.

> '주님 말씀하시면 내가 나아가리라. 주님 뜻이 아니면 내가 멈춰서리라…'

눈물을 흘리며 읊조리던 찬양은 어느새 내 고백이 되었다.

하루라도 쉬면 안 되는 중요한 시기라고 생각했다. 결혼한 지 얼마 되지도 않았고 앞만 보고 한 걸음 더 나아가고 더 확장해 나가기도 부족한 시간이라 생각했다. 이 중요한 순간에 어떤 뜻이 있으시기에 멈추라 하셨을까? 뜻이 그러하시다면 지금은 멈춰서는 게 맞는 거였다.

아프면서 건강염려증이 걸린다.

내 건강보다는 내 주위 사람들의 건강에 대한 염려증이 커졌다. 아버지, 어머니, 아버님, 어머님 건강을 비롯해 아내부터 모든 가족과 친구들의 건강이 염려가 되었다.

그래서 내가 그들에게 했던 권유는 꼭 건강검진을 해보라는 것이었다. 그리고 중요한 팁은 건강검진 하기 전에 암보험을 꼭 들으라고 한 것도, 내 경험에 비추어 해주고 싶은 충고이자 조언이었다. (실제로 한 친구는 내 조언을 듣고 덕을 본 사실이 있다는 건 안 비밀이다)

건강을 생각하고 건강을 최우선순위로 두게 되는 건 어쩔 수 없는 암환자들의 숙명인 것 같다. 특히 암환자들의 경우는 이거는 먹으면 안 된다, 이거는 꼭 먹어야 된다는 그런 룰 같은 게 존재하는데 나는 그 룰을 크게 따르지는 않았다.

주위 암 선배 중 공식적으로(완치 10년?) 완치 판정을 받은 안실장님이라는 분이 계시는데 그분의 말씀에 따르면, 뭐든 잘 먹는 게 중요하다는 거였다. 몸에서 땡기는 건 그만큼 그걸 몸이 원한다는 신호일 수도 있기에 뭐든지 잘 먹으라는 것. 특히나 암환자들은 고기를 기피하는 경우가 많은데 고기도 숯불구이만 아니면 괜찮다는 것도 알려주셨으며, 암환자들은 단 음식 특히 초콜릿 같은 거 먹는다고 하면 질색팔색하며 말리기 바쁜데 안실장님은 먹으라고 하셨다. 항암할 때는 체력이 중요하기 때문에 너무 과하지만 않다면 먹는 건 상관없으며 못 먹는 게 문제지 일단 잘 먹는 게 제일 중요하다! 라고 하셨다. (주관적인 의견입니다)

암 선배의 말대로 난 술, 담배 빼고는 뭐든 잘 먹었다.

【암환자를 위한 식생활 팁】
1. 소량씩 자주 먹기 (하루 5-6회)
2. 단백질 섭취 우선시 하기
3. 수분 섭취는 식사 전후 30분 간격 두기
4. 몸에서 원하는 음식에 귀 기울이기
5. 극단적인 식이요법은 피하기

▶ 결혼과 암, 두 인생의 전환점

"뭐해?"
"그냥… 숨은 잘 쉬고 있는지 확인했어."

아내는 내가 암에 걸린 이후, 늘 불안해했던 것 같다. 불안하니까 자고 있는데 코 아래에다가 손을 대고, 숨은 쉬고 있는지 확인하는 게 일상다반사였다.

내 앞에서는 굉장히 센 척하면서

"암환자라고 쉬지만 말고 나가서 일해야지! 돈 벌러

가야지!"

이렇게 얘기를 많이 했었는데 표현을 특이하게 하는 아내의 속마음을 다시 표현하자면

'예전처럼 건강한 모습을 보여줘!'

라고 내 귀에는 들렸다.
물론 돈을 벌어오라는? 그대로의 의미일 수도 있겠지만 내 귀에는 필터가 끼어져 있는지 그렇게 들려왔다.

건강하다고…. 그러니 건재함을 보여달라고….

항암을 본격적으로 하면서 잘 먹지도 못하니 너무 힘이 들었다.
물만 마셔도 역류를 해서, 들어왔던 입으로 도로 내뱉어 지는데 이때부터 비닐봉지란 내게 늘 갖고 다녀야 하는 필수품이 되어버렸다. 게워내고 게워내다 못해 초록색 담즙까지 나왔다. 아내는 잘 먹어야 한다며 자연산 고등어부터 해서 민어 지리탕 등 좋다는 건 죄다 공수해왔

고 봄에는 도다리, 쭈꾸미, 쑥과 바지락, 여름에는 전어, 장어, 해삼, 가을에는 꽃게와 전어, 대하 그리고 겨울에는 굴과 방어 와 같은 제철음식을 챙겨 주었다.

하지만 난 생각보다 잘 먹지 못했다.
그래서 아내에게는 미안함과 동시에 그 마음 씀씀이에 고마웠다.

식도의 괄약근이 없으니 음식물의 속도를 조절할 수 없었고 위가 아닌 소장으로 바로 음식물이 내려가는데 위만큼 소장이 그 역할을 제대로 하진 못했다. 위와 엇비슷한 기능을 하려면 시간이 필요한 것만은 틀림없었다. 잘 먹는데 한 번에 많이 먹지 못하고 제대로 영양분을 흡수하지 못해, 시간이 갈수록 난 말라만 갔다.

아프기 전 몸무게가 90킬로에서 1킬로 모자란 89킬로를 육박할 정도로 건장함을 뛰어넘어 통통한 몸이었는데, 58킬로까지 빠지게 되면서 근육도 다 빠져버려서 3층에 있는 집 계단을 오르는 것부터, 조금 무거운 택배를 드는 것조차 버거워져 버렸다.

내가 암에 걸리면서 아내에게 미안한 게 있다면 첫 번째로 결혼한 지 1년도 채 되지 않아서 암환자 남편을 둔 아내로 만들었다는 것이다. 두 번째는 정상적인 경제활동을 하지 못하게 되니 오롯이 아내에게 그 부담을 다 떠넘겼다는 사실이다.

변명을 하자면 초반에는 가게에 나가서 일을 좀 하려고 했지만 체력도 받쳐주지 않았고 식사도 잘 하지 못했으며 정신적인 트라우마도 존재했던 것 같다. 건강한 육체에 건강한 정신이 깃든다고 누가 그랬던가? 그 말은 정말 사실이라는 생각이 들었다.

유리몸이 되니 유리 멘탈이 되어버린다. 몸이 약해지니 마음도 약해진다.

그렇게 약해지려 할 때마다 날 강인하게 만들어준 건 아내였다. 암환자의 고충을 몰라줄 때는 가끔 서운하기도 했지만 다시 생각해보면 그게 날 더 강하게 만들었고 스스로를 빨리 회복하게 만들었다. 날 볼 때마다 나보다 더 힘들어하거나 나보다 더 울고불고 했다면 난 더 미안하고 그 모습을 볼 때마다 더 무너졌을지도 모른다.

사랑은 명사가 아닌 동사로 존재한다고 한다. 추상적인 어떤 관념 같은 게 아닌 행동으로 드러나는 것이다. 암 환자인 남편을 둔 아내의 사랑은 그저 사랑한다는 말보다는 나를 강인하게 세우는 행동으로 그걸 느끼게 하기에 충분했다.

100만 명 중에 10명 안팎이 걸린다는 기스트암은 위, 장, 관에 생길 수 있는 암이다.(그래서 위장관기질종양 이라고 한다) 모든 암이 그렇듯이 이유는 원인불명이지만 특히나 기스트암은 유전적으로 걸리는 암이 아니기 때문에 더욱이 원인을 알기 어렵다고 한다.

여타의 암과 가장 큰 차이점은 대부분의 암은 장기 내부나 근막, 층 내부에 생기지만 기스트암은 장기나 관 내부뿐 아니라 외부에도 생긴다. 나의 경우에도 위식도 내부로도 종양이 있었고 비슷한 크기의 종양이 외부로도 자라나 있었다. 데칼코마니처럼 대칭으로 생기기도 하고 장기 내부에는 크기가 작더라도 외부에는 엄청 큰 경우도 많다.

증상도 딱히 없기 때문에 배에 뭔가 딱딱한 게 만져져서 고위험군(다른 암종에서는 말기)이 되어 병원을 찾는다거나 아니면 우연히 건강검진을 하다가 발견하지 않고는 알기 어렵다.

그리고 럭키비키하게(운좋게) 발견하는 경우가 나처럼 종양이 터져서 응급으로 오는 경우다.

여타의 암에서 통하는 일반적인 항암이나 방사선 치료가 들지 않는다. 전혀 효과가 없다.

아무 약도 들지 않아서 예전에는 그렇게 장기를 조금씩 먹어가면서 전이되어 죽음에 이르게 하는 무서운 암이었다. 그러다가 10여 년 전 백혈병 환자에게 듣는 이매티닙 성분의 약이 효과가 있다는 걸 알게 되었다고 한다. 나 또한 항암은 표적치료제인 글리벡 4알을 매일 먹으면서 항암을 하게 되었다.

항암 부작용은 사람마다 천차만별이다. 부작용 없이 조용히 지나가는 경우도 많고 비교적 간단한 부작용으로는 탈모와 충혈부터 부종, 오심, 구토 등이 있고 심할 경우에는 참을 수 없는 피부발진부터 복수도 차고 사지가 마비가 되는 부작용도 허다하다고 했다. 나의 경우에는 비교적 심한 부작용은 아니었지만 발진과 근육경련, 탈모, 충혈, 부종, 오심, 구토 정도였다.

좋은 부작용(?)도 있다. 요즘엔 많이 없는 설정이지만 영화 속 백혈병 환자 여주인공들을 기억하는가? 뭔가 창백하고 가늘가늘한 그런 이미지 말이다. 그렇다! 이매티닙의 부작용은 피부를 얇게 만들기도 하지만 피부색도 하얗게 만든다. 그래서 상처도 잘 나고 얇아진 피부는 돌아오진 않는다. 대신 피부색은 항암약을 먹는 동안에는 창백하리만큼 하얗게 만들어주지만 항암약을 중단하게 되면 그 전의 피부색으로 다시 돌아온다. 기스트 커뮤니티 카페에 들어가보면 그런 후기를 본 적도 있다. 유일하게 마음에 들었던 항암 부작용이 피부를 하얗게 해주는거였는데 함암을 중단했더니 다시 까만피부로 돌아와서 약을 안먹는건 좋았지만 한편으로는 마음이 헛헛했다는….

항암을 하면서 누구나 그렇겠지만 탈모가 오는 건 성

별을 떠나 정말 슬픈 일이었다.

한 웅큼씩 빠졌던 머리카락은 두피가 훤히 보이고 항암약을 중단한 지금에도 머리카락이 잘 나지 않는다. 보통은 이렇게 되면 머리를 밀어버리지만 난 그러지 않았다. 뭐랄까… 더 아파보이는게 싫었던거 같다.

그래서 나의 선택은 모자였다.

이제 머리카락은 잘 자라고 있지만, 아직도 솜털이 드문드문 있어서 예전만큼 헤어스타일이 살지 않아서 반 강제적(?) 모자 매니아가 된 것은 어쩔 수 없는 것 같다. 남자는 머리빨이라는데 난 지금도 모자빨로 산다. 그래도 감사한 것은 약이 있는 게 어디며 약이 효과가 있다는 게 어디인가. 정말 감사할 일이었다.

난 이렇게 감사하게도 큰 부작용 없이 아내와 항암생활을 잘 해나갔다. 다른 암환자들과 같으면서도 다르게 말이다.

▶ 암환자에게 닥친 아픈 현실

암이라는 건 그저 몸이 아픈 것만 있는 게 아니다. 삶의 모든 것을 흔들어놓기도 하고 암환자 한 명의 인생뿐만 아니라 주위 사람들의 인생까지 바꿔놓는다.

암 진단을 받았을 때 세상이 멈춘 듯한 느낌을 받는 것에서부터 시작되는 외로움 그리고 끝없는 불안감은 암환자들이 늘 갖게 되는 심리적 트라우마이다. 몸을 짓누르는 통증만큼이나 마음의 통증도 무시할 수 없게 된다.

나는 암환자가 되기 전 그래도 아주 열심히 사는 사람

이었다고 자부한다. 그리고 일을 싫어하는 사람이 아니다. 일이 없으면 오히려 불안해하는 스타일이기도 하고 일을 통해 자존감과 자신감을 얻는 사람의 부류에 속한다.

앞에서도 언급했지만, 항암을 하다 보면 항암 부작용 탓인지 아니면 수술 부작용 탓인지 모르겠지만 물 빼고는 음식을 쉽게 넘기지 못한 때가 많았다. 속이 너무 안 좋았고 소화도 되지 않았으며 음식을 넘긴 횟수보다 도로 다시 뱉어내는 횟수가 더 많았다. 담즙까지 게워내는 정도가 되니 살은 급속도로 빠졌고 살이 빠지는 게 지방만 빠지는 게 아니라 근육도 같이 빠져버리니 체력도 급속도로 안 좋아지는 건 당연했다.

강단에 서서 영어를 가르치고 무대에 서서 영어행사를 할때도 정말 엄청난 집중력과 대가를 치러야 했다. 순간 방심하면 다리에 근육경련이 나서 회복하는데 한참 시간이 걸리기 때문에 시간이 있을 때마다 의자나 기댈 곳에서 쉬는 시간이 필요했다. 하지만 무대나 강단에 서게 되면 내가 암환자란 사실을 까맣게 잊어 버렸다.

한 번은 3시간을 한번도 쉬지 않고 영어 팀빌딩 행사를 진행 한적이 있었는데 행사가 끝난 후 운전을 했다가 사단이 난 적도 있었다. 다리에 말도 못할 경련이 나는 것이었다. 갓길에 급히 차를 세우고 한참을 쉬었다가 운전을 다시 했다. 정말 아찔한 경험이었다. 하필 오른쪽 다리라니…. (보통은 오른쪽 다리로 엑셀, 브레이크 페달을 밟아야 한다는 건 차 운전자라면 아실 것이다) 그런 경험들을 하고 나니 행사를 하고 강단에 서는 게 두려워졌다. 그런 일을 할때면 당연히 식사는 잘 하지 못했다. 소화시키는데 시간이 너무 오래 걸리기 때문이었다.

가게에서 일을 할 때도 식사를 잘 하지 못했다. 식사시간도 오래 걸리는데다가 밥을 먹고 바로 움직이게 되면 바로 먹었던 음식이 역류했기 때문이었다. 심할 땐 담즙도 게워내면서 가게 일을 한적도 있었고 너무 힘이 들었다. 그래서 결국 밥을 안 먹고 일을 하는 날이 많아졌다. 그러다보니 일을 하면서 손발이 떨렸다. 아내에게 도저히 못하겠다고 이야기를 했고 결국 가게 일도 당분간 쉴 수 밖에 없었다.

암환자가 벼슬은 아니지만 암이라는 녀석이 사회로부터 나를 고립시키기로 결심한 모양이었다. 정말 힘들었다. 한창 일해야 할 나이고 마냥 쉴 수도 없는 상황인데 반강제적으로(?) 일을 할 수 없다는 것 자체가 내 자존감을 떨어뜨렸다.

일을 하는 날보다 일을 할 수 없는 날들이 많아졌다. 그 기간이 길어지는 것만큼 나의 떨어진 자존감도 커져만 갔다. 이것도 못하고 저것도 못하는게 너무 분통했다. 하나님께서 멈춰서라고 하는 기간이 너무 길어지는 거 같아서 불안했다.

아내와 내 마음과는 다르게 이놈의 몸뚱아리는 따라주지 않았다.
이런 상황이 답답했다.
아내랑 부딪힐때마다 서운해 했고 더 큰건 스스로에게 실망스러웠다.
그렇게 종종 부딪히게 되었고 가끔은 정말 크게 다투기도 했다.

한번은 "다 그만하자" 라는 이야기까지 나오기도 했다.

내 심정은 말이 아니었다. 이제야 하는 말이지만 심하게 다툴 때는 사는 게 사는 게 아니었다.

암환자들의 모임인 아미다해 이사를 맡아 하는 일에도 특히 불만이었다.

돈이 되는 일도 아니고 모임에서 수다 떨고 모임에 나가면 놀고 있는 듯한 사진만 찍어서 보내니 그랬을 것 같기도 했다. 거기에서 뭘 하는지 몰라도 거기에서는 괜찮고 돈 버는 일(가게 일, 행사, 영어교육 등)을 할 때는 암환자여서 힘들다고 하니 답답할 법도 했다.

그런데 그땐 그렇게 얘기를 꺼낼 때마다 어찌나 서럽고 서운하던지… 나도 잠자코 듣고 이해하려고 했어야 했는데 그러질 못했다.

"왜 내 마음을 모르냐고, 내 상황을 제일 아는 사람이 어떻게 그런 얘기를 하냐!!"

큰 소리로 성을 낸 적도 있었다.

마음이 각박해졌고 서로의 마음을 다치게 하는 날들이 잦아졌다.

심하게 다툰 어느날 밤, 한 침대에 누워있을 때는 옆에 있어도 옆에 있는 게 아닌 느낌이었다. 등을 맞대고 돌아 누워있을 땐 실제로는 1미터 아니 50cm도 채 안 되는 거리에 있었지만 우리의 거리는 서로가 바라보는 쪽으로 40,075km 되는 지구 한 바퀴를 돌아 다시 만나는 듯한 거리감을 느꼈고, 천장을 바라보고 누울 때는 우주 전체의 공간인 36억 광년을 거쳐 돌아 만나는 듯한 공간감을 느꼈다.

몸의 거리는 가깝지만 마음의 거리가 멀다는 말을 실질적으로 체험하는 순간이었다. 그런 거리감 속에서 우린 지쳐갔고 참 힘들었다.

이렇게 암이라는 질병은 육체뿐만 아니라 현실적인 부분에 있어서 마음까지 병들게 만들었다. 이 문제에 대해서 암친구들과 이야기를 많이 나눠봤는데 나같은 경우가 상당히 많다는 것을 알았다. 암친구들의 경우에는 암에 걸린 후 배우자 쪽에서 이혼을 얘기하는 경우도 있었고 바람을 피워서 갈라서게 되는 경우도 있었다. 그런 경우 다시 잘해보려는 사람들도 있겠지만 암환자가 된 이후로는 이것저것 생각하면서 스트레스를 받는 게 싫어서 열의 아홉은 이혼으로 이어지는 경우가 생각보다 많다고 한다. 문제는 암환자 본인뿐만 아니라 주위사람들, 특히 가까운 가족들까지 힘들어지는 경우가 많다.

가끔 티격대는 것 빼면 지금 나는 아주 사이좋게 잘 지내고 있다.
그 이후 많은 고난과 역경(?)이 있었지만 이제는 큰 문제 없이 잘 살고 있다. 어찌보면 우리 둘은 그전보다 더 잘 지내고 있다. 세찬 비가 온 후, 땅이 더 단단하게 굳은 듯한 그런 느낌이랄까?

아마 문제가 있어도 해결을 잘 하는 방법을 알게 되었기 때문이라고 생각한다. 아내의 입장에서 더 이해하고 마음을 더 열어야겠다고 결심한 순간부터였다. 아내 또한 나의 입장을 더 이해하려고 마음을 열었기 때문인지도 모른다. 내 결심의 이유는 여러 가지가 있었지만 가장 컸던 건, 암환자의 입장이 아닌 암환자 보호자의 고충과 고통도 만만치 않다는 것을 알았기 때문이었다. 그리고 나는 깨달았다. 내가 암환자라고 해도 문제는 변함없이 존재한다는 것을…. 가령 경제적으로 어려워져서 문제가 된다면 그건 내가 암환자가 되었기 때문이 아니라 누구에게나 해당되는 문제라는 것이다. 암환자가 되면 문제의 해결책을 찾는 게 더 어려운 건 사실이지만 그것 또한 좀 더 고민하고, 좀 더 움직이면 해결되는 문제들도 많았다. 물론 모든 문제를 해결한다는 건 무리지만 말이다.

암환자가 되면 더 많은 문제들이 생겨나고 그 문제는 뼈아픈 현실로 이어진다. 사회로의 복귀 난항, 경제적 어려움, 전과 같지 않은 체력 등등의 많은 문제가 함께 오게 되어 있고 이는 자존감과 자신감의 문제로 이어지게 된다.

아직도 어떤 방법이 가장 좋은 해결책이라고 답을 내려줄 수는 없을 것 같다. 암의 종류가 다양하듯이 암환자

각자가 처한 상황과 환경이 다르기 때문이다. 확실한 것은 그 문제를 해결하는 건 보통은 본인에게 달려 있다는 것이다. 지혜는 하나님이 내려주시겠지만 그 지혜를 행하는 자는 우리 자신이기 때문이다.

PART 3

혼자가 아님을 깨닫다

새로운 연결의 발견

▶ 책 한 권이 만들어낸 기적

"암밍아웃이 뭐야?"
"암밍아웃은 암에 걸렸다는 사실을 당당하게 남에게 밝히는 거야!"

암밍아웃이라는 책은 암에 관련된 책을 찾다가 지나치듯 봤던 책이었다. 항암을 시작하면서 티비를 보는 시간이 늘었는데 그도 그럴 것이 밥 먹고 항암약을 먹으면 몸이 모래사장 위에서 뛰는 것처럼 푹푹 빠져들어 갔고, 티비 앞 편히 기댈 수 있는 의자가 내가 가장 안전하게 있을 수 있는 최고의 장소(?)였기 때문이다.

그래서 자연스럽게 티비를 보는 시간도 많을 수밖에 없었는데 책을 소개해주는 어떤 케이블 프로그램에서 차인표 씨가 나와 암밍아웃이라는 책을 추천하시는 게 아닌가?? 바로 책을 주문했고 단번에 책을 읽었다.

암에 관한 책을 검색해보면 지금도 거의 그렇긴 하지만 암에 대한 정보와 암을 극복하는 방법론에 관한 책들이 많다. 그런 책들이 인기가 많고 판매량도 많기 때문이란 생각이 들었다.

암밍아웃이란 책은 그런 점에서 달랐다. 암환자 4명이 저자가 되어 암을 만난 이후의 삶과 생각을 담은 에세이였다. 월간 잡지 같이 가볍게 읽혀지는 책, 특히 그 안의 내용 또한 공감이 많이 가는 책이었다. 인상적이었던 내용은 그냥 사전적인 의미로 다가오는 물건들이 암환자가 되면서 그 의미가 달라졌다는 것이었다. 가령 체온계 하면 이전에는 그저 체온을 재는 물건에서 암환자가 된 후에는 어디를 가든 없어서는 안 되는 물건으로 바뀌었다는 것!! 그러한 시선이 독특하고 재미있었다. 나의 경우는 비닐봉지가 그러한 물건이었으니까… 책을 다 읽고 나니 암밍아웃이라는 책 뿐 아니라 출판사 또한 궁금해지기 시작했다.

출판사 이름도 재밌었다.

아미북스, 암에 걸린 사람들을 암에 걸린 이, 아미라고 한다면 암환자들의 책들이란 뜻의 출판사라니… 궁금해졌다. 아미북스를 만든 대표 또한 궁금했는데 사실 나도 책을 쓰고 싶은 버킷리스트가 있었던 지라 더 만나고 싶었다.

인스타그램을 찾아보니 아미북스 공식 계정이 있었고 피드에 올라온 내용을 보니 책모임을 한다는 것이었다.

"저도 신청할 수 있을까요?"

소심하게 댓글을 달았다. 시간이 얼마 지나지 않아 메시지가 왔다.

"안녕하세요? 아미북스 조진희입니다. 암환우세요 암환우 보호자세요?"
"안녕하세요? 제가 암환자입니다. 인스타에서는 암

밍아웃을 안 한 지라…"
"네~ 안 하셔도 되죠.^^ 그럼 편하게 봬요. 그날 선우님까지 다섯 분 모입니다. 저는 줌 미팅이 갑자기 잡혀서 옆방에서 미팅하다가 인사 나눌게요"
"넵 알겠습니다 :) 감사합니다~*"

이렇게 난 아미북스 첫 북모임에 참여할 수 있게 되었다.

생전 처음으로 북모임에 참석해봤고 그것도 처음으로 암환자들이 모여있는 모임에 참가해보게 되었다. 책을 읽고 가야하는 모임이었는데 그렇게 성실히 숙제를 해 가진 못했지만 다들 편한 분위기를 만들어 주었다. 난 성실한 책 맴버는 아니었다. 책모임은 읽고 가야 하는 분량이라는 게 있는데 그걸 잘 못 지켰기 때문이기도 하고 컨디션이 안 좋은 날은 빠지기도 했기 때문이다. 그럼에도 늘 편하게 맞이해주셔서 가벼운 마음으로 갈 수 있었다.

만나고 싶었던 조진희 대표는 예상대로 밝고 맑은 분이라는 걸 알 수 있었다.

어떻게 아미북스를 알게 되었고 암밍아웃이라는 책을 알게 되었는지 그 경로를 비롯한 여러 대화를 나누었다. 그렇게 아미북스 안의 자조모임 중 하나인 책모임을 잘하던 어느 날이었다.

아미북스 대표님이 오셔서 제안을 하시는 것이었다.

"선우님~ 혹시 저희 아미북스 인스타그램 게시물 보면 메이크오버 프로젝트라고 있는데 보신 적 있을까요?"
"아~ 모델 분들이 사진 찍은 그거요?"
"아니에요. 그분들도 환우들이에요."
"오~그래요? 모델처럼 엄청 멋있으시더라고요."
"네~ 선우님도 하실 수 있어요. 이번에 시즌2 촬영을 하는데 남자 지원자분들이 없어서요. 혹시 해보시지 않으실래요?"

그렇게 얼떨떨해하면서 지원서를 보내게 되었다. 지원서의 내용은 이러했다.

안녕하세요 대표님~ㅎㅎ

- 이름: 정선우
- 나이: 만 39 (^^;)
- 성별: 남자
- 암명: 기스트GIST(위장관기질종양)
- 현재치료상태: stage3 고위험군으로 악성종양으로 판명되어 글리벡 표적치료제 매일 4알씩 복용 중
- 연락처: 010-xxxx-xxxx
- 사는지역: XX동
- 직업: 영어MC 및 영어강사 하다가 코비드 타격으로 현재는 자영업 중
- 사연: 안녕하세요. 5개월 차 암린이 정선우입니다.

2021년 7월 3일 일하는 도중 혈토와 함께 쓰러졌습니다. 출혈량이 심하여 쇼크로 인해 숨을 헐떡거리는 도중 119 구급대원의 긴급수혈을 받으며 응급실에 들어가게 되었고 긴급수술을 받아 식도 일부와 위의 30프로 이상을 부분절제하였습니다. 위와 식도 사이에 종양이 있었는데 종양에서 출혈이 있었던 거였습니다.

조직검사 결과 100만 명 중에 10명 걸릴까 말까 한다는 희귀암인 기스트였고 악성 고위험군으로 세포분열이 잘 되고

그 속도가 빠르다 하였습니다. 항암을 8월부터 진행하게 되었습니다. 현재 매일 글리벡이라는 표적치료제로 항암을 하고 있고 추적관찰 중에 있습니다. 89킬로였던 몸무게는 60킬로 아래로 빠졌고 일도 제대로 못하는 신세가 되었지만 전처럼 활동적인 마음만은 그대로이고(몸은 안 따라줄 때가 많…).

아직 이루고픈 꿈도 많으며 하고 싶은 것도 많기에 여러 가지 도전을 하며 살려고 합니다. 결과야 어떻든 도전한 흔적만으로도 가치가 있으니까요. 이 세상 머무는 동안 늘 도전받고 도전하며 이 시도가 암환자들이나 아픈 사람들뿐 아니라 주위 모든 이들에게 선한 영향력을 끼치고 도움이 되었으면 좋겠습니다.

여러 가지 작은 프로젝트를 계획하고 있습니다. 그 출발선상에서 아미북스와 진행하는 메이크오버 시즌2에 도전하게 되었습니다. 다만 현재 탈모가 좀 빨리 진행되는 중이라 걱정이네요(두 웅큼씩 빠져요).

지원서를 보냈다.
답장이 왔다.

"빨리 보내주셔서 감사해요~ 어떤 프로젝트인지 궁금하네요~
"ㅎㅎㅎ 아 게을러서 계속 미뤄왔던 일, 못해냈던 일을 하고 싶어요. 큰 건 아니고요^^ ㅎㅎ 갈 길이 멀지만 영상이랄지 출판이랄지 번역이랄지 등등이요 :)"
"외국 암 관련 서적을 번역해서 출판하는 건 어떨까요? 갑자기 든 생각ㅎ"
"ㅎㅎ 네 대표님 안 그래도~ 그쪽도 생각하고 있어서 아마존에서 몇 권 수입해서 봤는데요~ 지금은 그냥 조금씩 워밍업으로 읽는데 읽다 보니 저는 반대로 하는 것도 재미있을 것 같아요. 한->영문판으로?! ^^ (둘 다 하면 좋겠지만요) 문제는 영문으로 만드는 건 쉽지 않은 일이라 말 그대로 도전의 영역이 되겠어요 ㅎㅎ
대표님 시간 되시는 날에 다시 뵙고 얘기했으면 좋겠어요 ㅎㅎㅎ "

(중략)

"아주 좋아요 아미북스 암밍아웃 저자들도 그저 평범한 암환우에요~함께 만들어가봐요."

아미북스 자조모임, 그리고 자존감 회복을 위한 메이크오버 프로젝트를 비롯한 여러 프로젝트와 모임에 참여하게 되었다. 이렇게 난 책 한 권에서 시작되어 많은 암친구들을 만날 수 있게 되었다.

▶ 암환자들의 커뮤니티

나의 네버랜드는?

생각해보니 어쩌면 내가 죽게 되면… 있고 싶은 곳일지도 모르고 지금도 어느 정도는(?) 실현할 수도 있을지도 모를 그런 곳 같다. 내가 아는 모든 사랑하는 사람들, 동물, 식물들과 아무도 아프지 않고 아무 걱정 없이 "함께"하는 곳. 자유롭고 평화로운 그곳을 거닐다 수다를 떤다. 주위의 사람들, 식물들과 그리고 동물들과… 노래도 하고 글도 쓰고 맛있는 음식과 향긋한 커피와 차… 황홀하리만큼 아름다운 풍경은 늘 덤이다. 그곳이 늘 하나님의 평화와 은혜 가운데 있기를 기도하며….

- 암티풀 Projecct , Sean -

아미북스의 자존감 회복 프로젝트 메이크오버 암티풀 프로젝트(현재는 나:담음으로 명칭 변경)의 전체 컨셉은 FINDING NEVERLAND였다.

내가 꿈꾸는 영원한 세상은 어떤 세상일까? 총감독님과 이야기를 하며 진지하게 생각하게 된 나의 네버랜드에 대한 답변이었다.

사람은 해보지 않은 것에 대한 새로운 경험을 하게 될 때 기분이 전환되고 그 새로운 경험이 결과물로 나오게 될 때 감동을 느낀다.
나 또한 그랬다. 결혼할 때 해본 이후로 처음 해본 메이크업, 헤어 스타일링, 패션 및 액세서리 스타일링까지 난 진짜 모델이 된 것 같았다.

내가 좋아하는 요소가 내 몸에 다 걸쳐져 있었다. 난 액세서리를 좋아하고, 개량 한복과 같은 옷을 좋아하며 남들과 같지 않은 헤어스타일을 좋아하는데(현실과 이상은 다를 수 있지만…) 그 요소 하나하나가 다 만족스러웠다.

그리고 전문 스타일리스트 선생님들이 붙어서 내가 꼭 진짜 셀럽이나 모델이 된 것처럼 대우해주셨다. 사진촬영을 할 때는 정말 대단했다. 내가 잘해서 사진을 찍는다라기보다는 촬영을 해주시는 작가님이 내 안의 잠재되어 있는 잠재력을 깨워주는 그런 유도멘트 덕분에 평소에는 절대 할 수 없는 표정과 포즈를 해냈다.

결과물은 아주 만족스러웠다. 난 이미 사진 속에서는 평범한 암환자가 아니었다. 한 명의 모델이 되어있었다. 이 결과물들을 가지고 나중에 전시회까지 하게 되는데 나뿐만 아니라 많은 사람들이 좋아해주고 느낌 있게 나와서 엽서로 사고 싶다는 분까지도 있을 정도의 결과물도 있었다.

그 결과물, 베스트 픽은 일명, "황홀한 노을 샷" 내지는 "사랑하는 사람을 보고 싶어하는 샷"이 가제였다. 같은 포즈에서 최고의 한 장을 건져내기 위한 수십번의 시도, 수없이 들리던 촬각촬각 셔터 소리!!
이 결과물은 작가님께서

"눈 감았다 뜨면 황홀한 노을이 있다고 생각해보세요~"
"사랑하는 사람을 보고 싶다는 생각을 해보세요~"

라고 주문(?)하신 것에 대한 응답으로 나온 컷이었다.

나 다움을 넘어서 너무 멋있게 아니, 아름답게 나왔다. 암티풀!!! 하다란 말이 자연스럽게 나오게 되는 그런 결과물이었다.

이번 프로젝트로 평소에 좋아했던 주얼리도 실컷 해봤고 결혼식 때보다 더 공들인 메이크업과 헤어스타일, 의상들…. 흐트러질새라 매 순간 마다 해주시던 케어는 너무 감사했고 그걸 넘어 나를 행복하게 만들어 주었다. 암환자 주제에 아니, 암환자인 덕분에 상상하지도 못했고, 꿈꾼 적도 없던 경험과 호사를 누렸다.

모든 일이 그냥 이루어지는 일은 없다.

새벽부터 나와서 모든 무대 세팅을 비롯한 준비를 사

비와 협찬 그리고 재능기부로 해주신 팀원분들!! 한 컷, 한 컷 찍을 때마다 "잘한다, 멋있다!" 호응해주셔서 나는 어느새 전문모델 못지 않은 포즈를 할 수 있었다.

더 큰 한 줌의 용기와 더 잘하고 싶다는 욕심까지 낼 수 있도록 해주셨고 제 자신도 모르는 내면을 끌어내어 아름답게 메이크오버 해주셔서 정말 감사했다. 아미북스 대표님과 암친구 서포터들에게도 너무 고마웠다.
촬영을 잘 마치고…나는 결심을 하게 되었다.

'이 프로젝트가 앞으로도 진행이 된다면, 내가 이제 서포터로 뛰겠다' 라고….

그 후 몇 번의 서포터를 하게 됐다. 이 프로젝트는 나:담음이라는 이름으로 프로젝트명과 촬영팀이 변경되었지만 암환우들 위한 프로젝트임에는 변함이 없다. 제일 중요한 선 이 프로섹트를 통해서 넣어신 사존감에 활력의 숨이 불어 넣어졌고 그 숨이 어떤 것이라도 도전하며 살아야겠다 라는 동기로까지 이어지게 될 수도 있다는 것이다.

자존감 프로젝트 이후 조 대표님의 권유로 난 암환자들 (하고 싶은 거) 다해라는 뜻의 비영리단체, 아미다해의 남자 이사가 되었다.(책 한 권 읽고 암친구들과 놀다가 정신 차려보니 이사가 되어 있었다 ^^;)

굳이 남자이사라고 표현한 건 강조나 비약이 아니고 실제로 아미다해 멤버들 중 남자는 0.1%밖에 안 되기 때문이다. 왜인지는 모르겠지만 남자들이 여자들보다 암환자라는 사실을 더 밝히고 싶어하지 않는 성향이 강해서인 것 같기도 하고 괜히 암밍아웃하고 다니다가 직장에서도 안 좋게 보고 사회 복귀도 다시 힘들까 봐 암밍아웃을 하지 않는 경우도 많은 것 같았다. 안타깝긴 하지만 사실이 그렇기도 하다.

아미다해가 처음 설립되었을 때는 이사들이 여럿 있었지만 약간의 진통을 겪고 나서 대표이사로 조진희 대표님을 비롯한 3명의 이사, 1명의 감사 이렇게 5명에서 제대로 된 시작을 하게 되었다.

암환자들이 다해라는 의미에서 아미다해라는 단체가

시작되었지만 아미다해의 해(海)에서 암환우들의 바다 라
는 뜻을 추가로 넣는 게 어떻겠냐고 제안했다. 다들 동의
하여 아미다해는 비로소 암환우들이 하고 싶은 거 다 하
는 암환우들의 바다 라는 뜻으로 재탄생하게 되었다.

   남자이사라고 해서 특별히 더 하는 건 없었다. 아내는
아미다해 모임을 처음에는 썩 달가워하진 않았다. 잘 먹
고 잘 노는 그런 모임으로만 처음엔 생각해서였으리라….
시간이 가면서 그런 게 아니란 걸 아내도 알게 되었다. 암
환우들끼리 소통을 하면서 얼마나 서로에게 큰 위로와 힘
이 되며, 그 에너지가 삶을 다시 살고자 하는 원동력이 된
다는 것과 서로 모였을 때 일반인들이 하지 못하는 일도
해낸다는 것을 알게 되었다.

   예를 들면 같이 모여, 김장을 하는데 본인들 몫과 아미
다해 암환우 중 몸이 불편하고 거동이 힘든 환우들을 위
해 한, 두 포기 더 만들어서 주는 일이 아무 일도 아닌 것
같지만, 혼자라면 쉽게 하지 못했을 일이다.

   암환우들이 본인의 물건을 가지고 나오기도 했다. 플

리마켓을 열어 물건도 홍보하고 판매해서 사회 복귀를 위한 꿈틀거림의 장을 만들어주기도 했다. 색다른 도전도 하게 되었는데 예를 들면, 훌라댄스도 배워보고, 매일 치유의 문장도 필사하고 있으며 선물포장 및 리본포장 예쁘게 하기, 영어 배우기, 쿠킹클래스, 싱잉볼 명상, 핸드팬 연주 등등 여러 분야를 넘나들었다.

현재는 암환자로 구성된 합창단을 만들어서 (현재 인원은 중창단 수준이지만) 점점 더 많은 환우들이 참석하고 있다. 나중에 규모도 커지고 지원도 팍팍 들어와서 암환우들로 구성된 합창단이 예술의 전당에 서는 역사적인 순간이 오면 좋겠다.

현재 나는 사회에 복귀하고 그 전보다 더 왕성한 활동을 하기 위해 준비하고 집중하고 있다. 그래서 아미다해 남자이사로서의 역할과 직함은 잠시 내려놓았다. 아미다해의 활동은 사실상 축소되었지만 아미다해에서 진행했던 많은 활동들이 여전히 아미북스 협동조합으로 이어져 진행되고 있다. 그리고 나도 상황이 되고 마음이 동할 때마다 참가자로 혹은 서포터로 참여하고 있다.

어떤 이름으로 움직이든 그게 무슨 상관이랴… 암환우가 암환우를 돕는다 라는 근본은 여전히 살아 숨 쉬고 있고 그 정신이 이어져, 암환우가 암환우를 돕는 모습을 보며 일반인들도 암환우들을 돕고 있다. 더불어 암환우들이 다른 장애인들, 사회적 약자까지 돕는 일을 하고 있으니 일반인들도 더 관심을 기울이면 좋겠다.

이렇게 계속해서 아름다운 선순환이 계속 일어나길 바란다.

두 개의 씨앗

▶

책 한 권의 영향력이 얼마나 큰지 아는가?

나비가 날갯짓을 할 때 한 번의 날갯짓이라도 헛된 날갯짓이 있을까? 그렇지 않다. 한 번이라도 헛된 날갯짓을 하게 되면 나비는 날지 못하기 때문이다. 작은 행동이라도 무의미한 건 없다고 생각한다. 생각 없이 한 일이라 하더라도 그 일이 때로는 엄청난 결과를 낳는 경우가 있다.

영국의 무명작가였던 그녀는 어느 날 지하철을 타고 가던 중 갑자기 머릿속에 아이디어가 떠올랐다. 그녀는 가지고 있던 메모지에 그 생각을 휘갈겨 적었고, 그 메모가 씨앗이 되어 호그와트 마법학교 이야기의 배경을 만들었고 그 뿌리에서 자라난 나무가 바로 JK 롤링의 해리포터 시리즈이다. 당시엔 그냥 스쳐 지나가는 생각이었을지도 모르지만 그 작은 아이디어가 전 세계 독자들의 삶을 바꾼 이야기로 자란 것이다.

나는 이 영향력의 시초 내지는 근본을 씨앗이라고 표현하고 싶다. 나 또한 암에 걸린 후 암친구들을 사귀면서 내 마음속 깊이 심어진 두 개의 씨앗이 있다.

첫 번째 씨앗: 고니 님

씨앗이라 표현하지만 사건이 될 수도 있겠고 사람이 될 수도 있겠다. 하나의 씨앗은 송파에 살 때 동네 지척에 살았던 암친구이다. 결혼을 앞두고 암을 발견했고 암이라는 사실을 그 당시 결혼을 약속한 남자친구에게 솔직히 이야기했고 파혼을 하려고 했으나 그 남자친구는 그 사실을 알고도 결혼을 하였다. 유방암 1기였다. 몇 개월이 흐르고… 그 끈질긴 나쁜 암세포는 은밀하게 활동하고 있었고 결국 안타깝게도 4기 암환자가 되었다.

우리가 처음 만난 곳은 아미북스 사진 프로젝트의 촬영장이었고 서포터와 모델로 만났다. 난 스케치 필름을 영상으로 찍는 일을 맡았다. 내가 모델로서 사진을 찍을 때의 과정을 생각하고 나중에 암환자와 보호자들이 이 영상을 봤을 때 이런 때가 있었구나 하고 웃으며 추억할 수 있도록 모든 과정을 담으려고 노력했다.

편집에 편 자도 모르는 내가 마음으로 움직였다. 영상을 편집해서 오피셜 계정에 올렸다. 다른 누군가에게 보여주기 위함이 아닌 주인공인 암환자분들과 보호자들이 이 영상을 보고 위로와 힘을 얻을 수 있게 하는 게 목적이었다. 이걸 계기로 친해진 암환자 친구가 고니라는 친구이다.

유튜버로서도 활동했던 고니님은 아주 밝고 맑은 친구였다. 친구는 공통분모가 있을 때 친구가 되는 경우가 많다고 생각하는데 우리도 공통분모가 은근히 있었다. 그 당시 살고 있던 동네에 걸으면 10분 정도 걸리는 거리에서 살고 있었고 결혼한 지 얼마 안 된 신혼이었으며 내가 암으로 쓰러졌던 2021년 7월 2일 다음날인 7월 3일에 결혼을 했다고 한다.

고니님과 남편분과는 그 이후로도 아미다해 활동을 하면서 마주칠 기회가 많았다. 두 분 다 키도 크고 외모도 시원시원했을 뿐더러 착하고 심성이 맑은 커플이어서 보기만 해도 미소가 지어졌다. 두 분이서 꼭 손을 잡고 다니던 그 모습이 아직도 눈에 아른거린다.

고니님은 서울에서 떨어진 경기도권 공기 좋은 곳으로 이사를 하셨고 난 고니님과 남편분의 소식을 유튜브를 통해서 보고 들을 수 있었는데… 유튜브에서 응원을 주고받고 카톡으로도 소식을 주고 받곤 했다. 공기 좋은 곳에 초대하겠다고 커플끼리 만나서 맛있는 거 먹자고 약속을 하고는 그 약속을 서로 지키지 못한 채 시간이 흘렀다.

그러면 어느 날, 한 통의 카톡이 날아왔고… 고니님이 하나님의 곁으로 먼저 갔다는 소식을 들었다. 장례식장에 갔다. 남편분은 웃고 있었다. 고니님의 마지막 바람이었다고 했다. 웃으면서 조문객들을 맞아주라고 했다고 한다. 그리고 그만 울어라는 고니님과의 약속을 지키려고 눈물을 꾹 참고 애쓰는 남편분의 모습을 보니 눈물이 났다.

고니님과의 약속을 지키지 못한 게 너무나 아쉬웠다. 서로 지키지 못한 약속이지만 남은 자의 마음은 어쩔 수 없나 보다.

두 번째 씨앗: 효선 님

1년 후 또 하나의 씨앗이 내 마음에 심어졌다.

또 한 명의 암친구가 하나님 곁으로 갔다. 효선님도 아미다해에서 만난 친구였고 전시회 때 아미북스 대표님이랑 처음 만나게 되었는데 봄햇살이 어울리는 친구였다. 영종도에 산다고 했다. 나 또한 영종도에 집을 계약해놓았던 상태라서 동네 주민이 될 수도 있다는 얘기를 하면서 자연스럽게 친해졌다.

한 아이의 엄마이자 가발모델도 하고 있다고 했다. 나

중에 남편분과도 만날 기회가 있었는데 역시나 순수하고 좋은 분이었다. 그 다음 만났던 곳은 아미다해 플리마켓 때였는데 쥬얼리를 만드는 것 뿐 아니라 수리도 하실 수 있다 해서 수리가 필요한 은 팔찌들을 맡겼다. 나중에 예쁘게 포장해서 집으로 보내주셨는데 그 안에는 과자 몇 개도 함께 같이 들어있었다. 뭐라도 하나 더 주고 싶어하는 효선님의 따뜻한 마음을 느낄 수 있었다. 수리해 준 팔찌는 아직도 늘 차고 다닐 수 있을 정도로 짱짱하다.

영종도 이웃 주민으로 보자는 약속은 의도치 않게 아파트 시공사와 시행사 그리고 조합 간의 법적 공방으로 인해 자꾸 지연되었고 대화의 시작은 늘, "언제 영종도 오세요?" 였다.

그러던 어느 날, 아미북스 조 대표님으로부터 전화가 왔다. (이제는 조대표님과는 대화를 편안하게 하는 누나, 동생사이가 되었다.)

"바쁘지? 효선님 이번에 나담음 프로젝트에 참여하는데 잘 걷지를 못하셔서 휠체어를 타고 다녀야 한

대. 시간이 된다면 차로 서포트도 해주고 휠체어도 끌어줄 수 있을까?"

"당연하죠! 무조건입니다."

자존감 회복 프로젝트인 아미북스 포토 프로젝트 나: 담음 서포터로 참여하게 되었다. 아무리 바쁘다고 해도 효선님과는 특별한 인연이 있기에 서포트를 해주고 싶었다.

대표님과 함께 영종도로 출동을 했고 그 과정을 모두 동영상과 사진으로 촬영을 했다. 그 안에서 솔직한 대화의 시간이 펼쳐졌다. 대화 도중 돌아가면서 노래를 부르기도 했는데 효선님의 노래를 듣고 조 대표님이 꿈꿔왔던 암환우 합창단을 꼭 해야겠다는 결심을 하게 되는 모먼트가 되기도 했다.

메이크업을 하고 잠실 올림픽공원에서 예쁜 가을꽃을 배경으로 사진을 찍었다. 아이처럼 모두들 좋아했고 촬영하는 한 순간, 한 순간이 감동으로 다가왔다.

촬영 후, 뒷풀이는 효선님의 추천으로 영종도에 있는 대하구이 맛집으로 갔다. 맛있게 먹으면서 여러 대화가 오고 갔고 합창단에 대한 이야기도 했다. 건강해져서 꼭 같이 하자는 이야기도 했다. 잘 걷기도 힘든데 하루종일 촬영을 해서 였는지 체력적으로 효선님이 좀 힘들어 보였다.

"대표님하고 선우님하고 만나니까 너무 좋아요. 우리 또 봐요~ 집들이도 해요."
"당연하죠! 일단 건강부터 회복하자고요!!"

또 연락하자며 헤어졌고 시간이 그렇게 또 흘렀다.

조 대표님에게서 연락이 왔다.
효선님이 아예 걷기가 힘들어져서 우리가 영종도 가서 같이 맛있는 것도 먹고 기분전환 좀 시켜주면 좋을 것 같다고 하셨다.
날짜를 정하고 갔다. 몸이 더 안 좋아졌다는 것은 알았지만 생각보다 많이 안 좋아 보였다. 남편분이 휠체어로 데려다 주었다.

효선님: "전이가 척추까지 됐대요…. 그리고 뇌쪽으

PART 3. 혼자가 아님을 깨닫다

로도 퍼지고요…. 병원에서 퇴원하라며 해줄 게 없대요."

나: "그럼 지금은 병원 안 가고 어디에서 생활하는 거예요?"

효선님: "집으로 간다고 했어요. 그랬더니 병원에서 간호사분이 갸우뚱하면서 호스피스가 아니고 집으로 가신다고요? 통증이 심하실 텐데 괜찮겠냐고 하더라고요?"

그리고 이어지는 효선님의 말은, 통증이 말로 다 표현 못할 정도로 너무 심한데 가장 강한 진통성 패치도 안 통하고, 이제 진짜 어떻게 해야 할지 모르겠다고 했다. 그 와중에 효선님은 아들 걱정, 남편 걱정을 계속했다.

"남편, 아들만 너무 걱정 말고 일단 효선님 건강이 우선이니까 호스피스나 요양병원 가서 걱정하지 말고 스트레스 받지 말고 건강만 챙기는 건 어떨까요?"

조 대표님이 말을 꺼내셨다.
맞다며 나도 말을 거들었다.

만남의 시간이 짧아졌다. 효선님이 체력적으로 더 힘들어 진 것이다. 더 길게 시간을 갖고 싶어도 체력이 없으면 그 또한 힘들다. 그렇게 짧은 만남을 뒤로하고 시간이 또 흘렀다.

시간은 정말 빨랐다.
잡으려 해도 잡을 수 없고 새어나가기만 하는게 시간이다.

인스타그램을 보다가 효선님의 피드에 글이 올라왔다.

마약진통제를 먹고 통증을 참아보려 해도 내 영역을 벗어났다.
월요일부터 찾았던 엄살 같던 아픔은 더 슬픈 결말을 내게 주었다. 시한부 2년 시한부 6개월 매주 줄어드는 나의 생명…

글에 절망감이 묻어났다. 마음이 아팠다. 바로 DM을 보냈다.

나: 효선님 피드 보고 깜짝 놀라서요… 괜찮아요?

효선님: 아니요…. 아파요…. 지금도 제 정신은 아닌 거 같아요. 모르핀, 영양제 맞고 있음.

우리가 다시 만난 곳은 안타깝게도 호스피스 병동에서였다.

그 전보다 훨씬 더 얼굴이 안 좋아 보였고 몸 상태도 안 좋아 보였다.

하반신 쪽으로는 아예 감각이 없는데 이상한 건 통증이 올 때는 피뢰침을 머리에 꽂은 것처럼 발끝까지 통증이 느껴진다는 게 이상하다고도 하였다. 대화의 내용은 힘들었지만, 밝은 성격과 말투는 여전했다. 호스피스는 입원할 수 있는 기간이 차면 옮겨야 하는데 다른 곳도 꽉 차 있어서 어디로 가야할지 모르겠다는 걱정을 하다가 아마 못 찾으면, 아파트로 갈 것 같다고도 했다. 새 아파트 입주를 앞두고 있었기 때문에 나중에 집들이하면 거기에서 꼭 다시 만나자고도 했다.

그 후로도 우린 톡과 DM으로 서로 소식을 주고 받았다.

그러던 어느날 카톡을 보냈는데 답장이 없는 것이었다. DM 답장도 없었다. 이상한 느낌이 들었는데 그때 한 개의 톡이 효선님으로부터 왔다.

"남편입니다. 인천성모로 옮겼습니다. 갑자기 컨디션이 많이 안 좋아져서 더 이상 연락은 어려울 것 같습니다…."

남편분의 연락처를 수소문해서 전화를 했다.

아이처럼 잠만 잔다고 했다.
아무것도 먹지도 마시지도 못한 채 의식이 없을 때도 있고 말을 잘 하지 못하지만 간간히 아들이랑 남편은 알아봐 준다고 했다.
나는 또 이렇게 암친구를 보낼 마음의 준비를 해야 했다.
장례식장에서 남편분을 보는데 눈물이 터졌다. 조 대표님과 효선님에 대해 이야기하다가 더 눈물이 났다.

남편분 말을 들어보니 아들이 이랬다고 한다.

아들: "아빠!! 왜 슬퍼해! 슬퍼하지 마~ 엄마가 어제 꿈에서 나왔는데 뛰어다니면서 놀고 있었어."
남편분: "…아는 척 했어? 엄마! 하고 불렀어?"
아들: "아니, 너무 행복해 보여서. 아는 척 안 했어."

뭉클했다.
아프지 않는 그곳, 하나님의 곁에서 뛰놀고 노래 부르고 하고 싶은 거 다 하고 있을 효선님이 마음속에 그려졌다. 나도 더 이상 슬프지 않았다. 다만 이 세상에서 살아 숨쉬는 동안 내가 해줄 수 있는 최선을 못해준 것에 대한 아쉬움, 그리고 더 이상 이 곳에서는 보지 못한다는 그리움은 남았다.

암밍아웃이라는 책 한 권이 나에게 닿았고 그 책 한권이 통로가 되어 아미북스, 아미다해를 만났다.

그 안에서 난 많은 암친구들을 만날 수 있었다. 그리고 암친구들이라는 씨앗들이 내 마음의 밭에 심어졌다.

그 씨앗은 점점 자라 싹을 틔웠고 이제 끊을래야 끊을

수 없는 단단한 줄기를 뻗었다. 이 나무가 어떤 나무인지 나는 알지 못한다. 다만 내가 이 세상에 살아 숨 쉬는 동안에는 이 나무가 어떤 나무일지, 얼마나 클지 알 수 있을 것이다. 그래서 난 기대가 되고 소망한다. 그 나무가 커가면서 암환우를 위한 일들이 계속 되어지기를…. 어떤 형태로든 말이다.

PART 4

삶과 죽음 사이에서

철학적 성찰과 깨달음

▶ 네 가지 철학적 개념이 준 선물

어느 날 너무나도 느닷없이 찾아온 기스트…. 세상에 그렇게 생소한 이름의 병이 있다는 걸 그날 처음 알았다. 응급실에 실려가 긴급수술을 하고 조직검사 결과를 기다리던 2주간의 시간은 아무도 모르는 길 위에 혼자 던져진 기분이 들게 된 시간이었다.

"내가 죽을 수도 있다."

란 생각이 가장 먼저 들었던 건 응급실에서 수술실로 들어가기 전이었다. 막상 혈토를 하며 쓰러질 때는 정신이 없어서였는지 아예 그런 생각을 할 겨를도 없었지만 수술실에 들어가기 전에는 이상하게 그런 생각이 들었다.

아프고 난 후, 회복 중, 시간이 많이 있다 보니 밀렸던 책도 읽고 생전 읽지 않을 것 같던 책도 읽을 수 있었는데 그중 한 권의 철학책[***], 그 책에서 몇 가지 철학적 개념을 접할 수 있었다. 그 개념들을 내 상황과 삶에 투영한 짤막한 글을 끄적였는데 그 글들을 정리해보니 하나의 결론에 도달할 수 있었다. 일단 그 철학적인 개념은 메멘토 모리, 크로노스와 카이로스, 페스티나 렌테, 카르페 디엠이란 라틴어였다.

메멘토 모리 Memento Mori: "죽음을 기억하라"

의사가 '기스트'라는 생소한 암의 이름을 말하던 날, 나는 위의 문장을 잠깐이지만 순간적으로 떠올렸다. 머릿속이 하얘지던 순간, 삶은 더 이상 당연한 것이 아니었다. 건강할 때 아무렇지 않게 넘기던 하루하루가, 그날부터는 특별해졌으니까….

[***] 참고문헌: 『철학이 내 손을 잡을때』(김수영 저)

죽음을 자각하는 순간, 나는 되려 삶에 대해 더 깊이 생각하게 되었다. 준비할 시간도 없이 불행한 사고로 작별인사할 시간이나 준비도 없이 죽는 것보다는 준비할 시간이 있음에 나는 그래도 감사하다는 이기적인 생각도 들었다.

인간은 이 세상에 한 번 태어났으면 한 번은 꼭 죽게 되어 있다. 그건 누구도 부인할 수 없는 사실이다. 그렇게 기스트라는 병은 내게 죽음을 가르쳤다. 인지하지도 못할 정도로 우리가 자연스럽게 행동하는 일… 숨 쉬는 일, 밥을 먹는 것 그리고 사랑하는 것도 모두 유한하다는 사실. 처음엔 무서웠다. 죽음은 막연한 공포였다. 하지만 언젠가부터 죽음이라는 개념은 나를 오히려 삶에 가까이 데려다주었다.

우리가 살아가고 있는 삶을 동전으로 비유한다면 생명은 동전의 앞면이고 죽음은 동전의 뒷면일 뿐이다. 죽음이 있기에 오늘을 더 사랑하게 된다. 삶과 죽음의 자연스러운 조화 속에 매일 나는 나만의 리추얼(의식)을 한다. 그건 하루의 끝을 죽음의 직전에 있는 것처럼 여기고는 것이다.

"오늘 하루 다 쏟아냈는가? 진심으로 살았는가? 최선의 시간을 보냈는가, 사랑하고, 감사하고, 후회 없이 살았는가?"

라고 자성을 하는 것이다.
이렇게 죽음을 의식할 때 비로소 나는 삶을 제대로 살아갈 수 있다.

크로노스와 카이로스 Chronos & Kairos: "시간의 두 얼굴"

크로노스는 물리적이고 연속적인 시계의 시간 즉 과거, 현재, 미래를 나누는 양적 시간이고 카이로스는 어떤 행동이나 결정을 내리기에 가장 적절한 순간, 질적 시간을 말한다.

냉이 내게 순 첫 번째 선물은 시간의 본질을 돌아보게 만든 것이다. 매일 약을 먹고, 정기적으로 검사를 받으며 살아가는 일상은 예전과 다르다. 시간을 단순히 '흘러가는 것'으로 여기던 내게, 시간은 이제 더 이상 평등하지 않다.

고대 그리스인들이 말한 두 얼굴의 시간, 크로노스와 카이로스가 내 삶에 명확히 나타났다. 내게 크로노스는 반복되는 진료 일정과 수치의 기록, 그리고 내게 주어진 '남은 시간'이란 생각이 들었다. 반면, 카이로스는 가족과 함께 하며 즐겁게 보내는 시간, 따뜻한 햇살 아래 산책하는 그런 순간이다.

진정으로 살아 있다는 느낌은, 숫자로 셀 수 있는 시간 속에 있는 게 아닌, 감각과 감정으로 새겨지는 순간들이 녹아있는 실질적인 삶, 카이로스의 시간 속에 있었다.

카르페 디엠 Carpe Diem**: "오늘을 붙잡아라"**

호라티우스의 시 odes에 나오는 말이다.

"Carpe diem, quam minimum credula postero."
오늘을 붙잡고, 내일은 가능한 한 믿지 마라.

라는 원문에서 카르페 디엠이란 문장이 많이 사랑받게 되었다. 카르페 디엠은 오늘 하루 마음대로 즐겨라고 하는 무절제한 쾌락이 아닌 더욱 진지하게 지금을 살아내라는 철학적 메시지다. 그러기에 제일 먼저 오늘을 붙잡아야 한다! 라는 생각을 했다.

'나에게 카르페 디엠이란 무엇일까?'

암 진단을 받은 후 나도 그랬지만 많은 암환자들이 완치율, 재발률, 생존율에 신경을 가장 많이 쓰게 된다. 나 역시 그랬다. 하지만 어느 날 문득 깨달았다. 기스트라는 암은 내게 '나중에'라는 단어를 지워주었다. 아니 지워주었다기보다는 현재가 더 중요하다는 걸 알려주었다.

"나중에 여행 가야지."
"나중에 좋아하는 일 해봐야지."
"나중에 더 잘 살아야지."

가 중요한 게 아니었다.

'지금 그리고 여기'가 중요한 것이었다

맛있는 커피 한 잔에 고마워하고, 마음 맞는 친구와 만나 수다를 떨고 웃을 수 있음에 감사하고, 하루의 해가 넘어가는 것을 바라보며 살아있음 자체를 기뻐한다.

내게 중요한 것은 1년, 3년, 5년 후의 수치가 아니라, 바로 오늘 바로 지금 내가 어떻게 살아가는가였다. 내게 다시 주신 삶, 이 시간을 온전히 충실하게 살아가는 것!!

그래서 좋아하는 책을 다시 읽기 시작했고, 계절이 바뀌는 것을 느끼기 위해 이곳저곳을 떠돌며, 하고 싶었던 표현과 말을 주저 없이 한다. 아니 하려고 노력한다. 병이 내게 준 가장 값진 깨달음은 이것이었다. 미래를 준비하는 게 좋지 않다 라고 말하는 게 아니다. 지금 이 순간이야말로 가장 소중한 삶이라는 것이다.

하루, 한 시간, 일 분, 일 초, 순간순간 현재를 소중히 여기며 삶의 중심을 잃지 않고 집중해야 한다. 놀 땐 제대로 놀고 공부할 땐 제대로 공부하며 일할 땐 제대로 일하는 그런 최선을 다하는 삶을 살다가 하나님께서 부르시는 그날, 우린 후회 없이 그분 곁으로 가면 그만이지 않는가? 그런데 사실 그렇게 지금 이 순간을 소중히 여기면서 살게 되면 미래는 자연스럽게 준비되어지는 것 같다.

삶은 특별한 이벤트로만 이루어지지 않는다.
그저 매일, 평범한 오늘들의 연속이다.
그 평범한 오늘을 잘 살아나가는 것.
그게 바로 오늘을 붙잡는 삶이다.

페스티나 렌테 Festina Lente: "천천히 서둘러라"

페스티나 렌테 'Festina lente' 라는 라틴어 표현은 직역하면

"서둘러라, 그러나 천천히 하라 (Slow down to speed up)"

는 뜻으로, 조급함을 경계하고 신중함의 미덕을 강조하는 역설적인 조언이다.

처음에는 이 말이 정말 이해가지 않았지만 곰곰이 생

각해보니 나는 이 말을 병상에서 깊이 체감하게 되었던 것 같다.

　수술을 받고 나면 빨리 치료하고, 빨리 회복해서, 빨리 일상으로 돌아가야 한다는 생각에 사로잡혔다. 그러나 현실은 뜻대로 흘러가지 않았다. 일어나고 걷는 것부터 너무 힘들었고 퇴원 후 정상인처럼 금방 생활할 수 있을 줄 알았지만 그건 오산이었다. 회복은 더뎠고 매일의 항암은 내 몸을 무겁게 짓눌렀다. 그때 비로소 깨달았다.

　삶은 조급함으로 회복되지 않는다는 것을….

　어떤 것들은 시간이 필요하고, 어떤 회복은 '서두름'으로는 결코 얻을 수 없다는 것을 말이다. 수술 후 병원에서 내가 가장 많이 했던 일은 폐 기능 회복을 위한 들숨으로 공 올리기운동과 걷기 운동이었다. 단순하고 지루해 보일 수 있는 동작들 속에서 나는 내 안의 무너진 리듬을 다시 세워갔다. 그러던 어느 날, 병원 복도를 천천히 걷던 중, 입 밖으로 흘러나온 한 곡의 CCM.

　반복해 부르다가 했던 눈물의 고백은,

"하나님…뜻이라면, 그리 말씀하시면 제가 멈추겠습니다." 였다.

정말 열심히 살아왔고, 아직 이루고 싶은 꿈도, 해야 할 일도 많지만… 당신의 뜻이라면, 저는 멈추겠습니다. 그렇게 기도했던 것이었다. 그 순간, 나는 마음 깊이 이해할 수 있었다. 이 모든 것이 '페스티나 렌테', 곧 '천천히 서두르라'는 그분의 뜻이었다는 것을. 단지 육체의 회복만이 아니라, 내면의 회복 또한 필요하다는 사실. 그분은 내게 이렇게 말씀하시는 것 같았다.

"너무 급하게 마음먹지 말아라. 서두르지 말고, 회복의 시간을 받아들여라."

회복은 단순한 시간이 지나감이 아니다.
그 안에서 나를 돌아보고, 멈추는 법을 배우며, 다시 삶을 신뢰하는 '깊은 여정'이다.

▶ 나의 시간을 살아가야 하는 이유

우리는 죽기 위해 사는 것이 아니라, 살기 위해 죽음을 준비한다.

그래서 나는 이렇게 나의 시간을 살아간다. 하나님께서 다시 주신 삶의 기회를 헛되이 쓰지 않고 그분의 음성에 귀기울이면서 너무 급하게 마음먹지 않고 천천히 서두르면서, 지금 이 순간을 붙잡고 소중히 여기며….

결국 기스트라는 병이 내게 준 것은 두려움만이 아니었다.

삶을 더 깊이 바라보는 눈과 사랑과 감사를 더 진심으로 느끼는 마음을 주었다. 남은 시간이 얼마든 나는 후회 없이 살아갈 것이다. 기스트라는 희귀암은 누군가에게는 그저 떠올리기만 해도 힘들어지게 만드는 단어일 수도 있다.

GIST IS GIFT!!

이제 내게 기스트(위장관기질종양)는 기프트(선물)가 되었다. 암에 걸린 후 내가 가장 좋아하는 말은 이 문장이다.

STOP THINKING!! JUST DO IT!!

(생각만 하지 말고 그냥 하자!!)

생각만 하다가 놓친 일도 너무 많았고 너무 늦어진 일도 많았다. 어떻게 보면 후회가 될 수도 있는 그런 시간을 나는 너무 반복하며 산 게 아니었을까?

조지 버나드 쇼의 묘비명에는 이렇게 쓰여져 있다.

"I knew if I stayed around long enough, something like this would happen."
(우물쭈물하다 내 이럴 줄 알았다)

나는 이런 묘비명을 갖고 싶지 않다.
내 묘비명에는 이런 문구가 새겨졌으면 좋겠다.

"I knew if I lived with purpose(in Him), something like this would happen."
우물쭈물 살 뻔했다.
(망설이지 않았더니 이런 멋진일이 일어났다)

또는 유쾌하게 표현해보자면 이렇게 말이다.

"하고 싶은 건 다 해보고 잘 놀다 갑니다!"

이제 스스로에게 물어 보았으면 좋겠다.

"나의 묘비명에는 어떤 문구를 새기고 싶은가?"

▶ 비비불(비난, 비판, 불평) 금지

    그럼에도 불구하고 가끔 쓸데없이 원인을 찾고는 했는데… 가게가 잘 안되어서 스트레스를 너무 받은 것일까? 아는 형으로부터 거의 1억이라는 사기를 당하면서 생긴 스트레스였을까? 데이트레이딩을 할 때 너무 많은 스트레스를 받은 것일까? 가게를 하면서 너무 스트레스를 받았나? 등등…. 그렇게 가끔 끊임없이 원인을 찾곤 했다.

    어느 날 무엇 때문인지 기억이 정확하게 나진 않지만 아내와 정말 심하게 다툰 그날은 주일 아침이었다. 교회에서 예배 중에 기도를 드리는데 갑자기 하염없이 눈물이

났다.

'암에 걸린 게 죄일까요? 암에 걸린 것도 어쩌면 억울한 일인데, 왜 나는 일도 제대로 못하고 가족부양도 못하는 사람이 되어버렸을까요?'

기도를 드렸다.
그때 마음 깊은 곳에서부터 응답이 왔고, 그 응답을 미친 사람처럼 메모장에 적기 시작했다.

'사망의 길로 가지말라! 내가 너를 죽였고 다시 내가 너를 살렸노라! 너의 과거와 너의 사망의 길은 고여서 부패하고 썩어버린 사망의 피로 맺혔으니 내가 터뜨려 입으로 뱉게 하였고 그리하여 너를 살렸으니 이제 과거의 길로, 그 절망과 사망의 길로 가지 말고 너를 살리신 나의 길로, 예수부활의 길로, 그 생명의 길로 나아오라!'

그리고 뒤 이은 하나님의 말씀은 이러했다.

"가족과 주위의 모든 사람들을 생명의 길로 인도하라…"

마음속에 울리는 하나님의 음성을 적으면서 뜨거운 눈물이 펑펑났다. 그 예배 이후로 난 완벽하게 암의 원인이나 이유를 누구 혹은 무엇에게서 두 번 다시 찾지 않게 되었다. 더 중요한건 앞으로 어떻게 대처 해야 하고 어떻게 살아가냐는 것이었다.

데일 카네기 선생님도 말씀하셨지만 비난하기보다는 이해를, 비판하기보다는 협조를, 불평하기보다는 칭찬을 하라고 한다. 물론 이건 인간관계론에서 나오는 내용이지만 그만큼 비난, 비판, 불평은 인간관계까지 망쳐버리는 3대 요소라는 걸 강조하는 게 아닌가 싶다.

비난하고 싶은가? 비판하고 싶은가? 불평하고 싶은가? 그럴 필요가 없다.
왜냐하면 그렇다고 해서 달라지는 것은 없기 때문이다.

남을 상처입히기 위해서 비난, 비판, 불평을 한다면 결국은 본인의 마음을 다치게 하는 결과로 이어진다는 생각을 꼭 해야 한다. 의미 없이 에너지와 시간 소모를 하지 말고 그저 받아들이고 그 수용이 이끌어주는 마음의 소리에 귀기울이는 걸 추천한다.

올림푸스와 이대서울병원에서 진행한 프로젝트가 있었는데 그 프로젝트의 이름은 '암 경험자의 심리사회적 지지를 위한 고잉온 다이어리'였다. 프로젝트에 참여하는 암환우들은 암의 종류가 다 달랐고 성별과 나이도 달랐다. 일주일에 한번씩 담당자님들과 프로젝트에 참여하는 암환우들끼리 줌으로 안부도 전하고 프로젝트 진행상황도 서로 나누었다. 프로젝트는 엄청 대단한 건 아니었지만 습관이 되지 않으면 하기 힘든 그런 프로젝트였다. 쉽게 이야기하면 세 줄의 감사일기와 그 내용에 관련한 핸드폰 사진 한 장을 업로드 하는 것이었다. 하루도 빠지지 않고 감사일기를 작성한 멤버는 미션을 성공했다는 이유로 담당자분으로부터 기프트콘을 선물 받았다. 그리고 한달 후 병원 한 켠에 우리의 프로젝트를 전시한다고 했다.

처음엔 감사일기를 쓰는게 쉬웠지만 시간이 지날수록 생각보다 어렵다는 걸 알았다. 새로운 내용으로 감사일기를 쓴다는게 어려웠던 것이다. 어릴때 반강제적으로 일기쓰기가 그렇게 어려운 일이 아니었는데 나이가 들면서 이 습관을 지켜나가는게 얼마나 어려운 일인지 알게 된 것 같다. 아래의 내용은 21년 8월13일부터 9월24일까지 했던 프로젝트의 내용 세줄일기의 내용 일부이다.(사진제외)

【감사, 칭찬 행복 또는 자유로운 주제로 쓰는 세줄일기】

오늘도 감사한 하루입니다.

긴강 울 생각지 않았을때 느낄 수 없었던 사소함들이 너무 감사함으로 다가옵니다.

오늘도 다들 행복한 하루 되세요.

2021년 8월 13일

1. 감사의 기도로 아침을 시작하고 감사함으로 생활하며 감사의 기도로 하루를 마무리하기
2. 규칙적으로 생활하기
3. 세 줄 일기 빼먹지 않고 쓰기

2021년 8월 16일

하나. 웃고 싶을때 웃고 울고 싶을때 울자.(감정에 솔직하되 징징금지)
둘. 매일 물 1.5L이상 마시자.(최대한 많이&자주)
셋. 매일 운동 한시간씩 하자.(힘들어도 최대한 무브무브)

2021년 8월 17일

평소에 하고 싶었던 일 다해보기.
너무 많아서 무엇을 먼저해야할지 모르겠다면? 오늘이 내 생의 마지막날이라면….
무엇을 제일 먼저 하고 싶은가를 생각해보면 된다.

2021년 8월 18일

1. 유튜브 영상찍기
2. 영상편집 공부해서 편집하기
3. 1, 2번 하기 전에 유튜브 채널부터 제대로 만들기 ^^

2021년 8월 19일

사랑하는 사람들에게 약속(특히 가족들과 아내에게)
1) "사랑한다 고맙다" 고백 남발하기
2) "최고다, 이쁘다" 칭찬 남발하기
3) 스킨쉽 남발하기 (수시로 부비대고 뽀짝거리기^^)

2021년 8월 20일

비록 비가 많이 와서 산을 오르진 못했지만
산 만큼 높은 인공산(?)이라도 볼 수 있으니 좋았어요.
더 건강해지고 날씨도 허락된다면 산을 한 번 올라가
볼까해요.

2021년 8월 21일

오늘도 약 잘먹기 위해 식사 잘 하는 나를 칭찬해!
약 먹으면 머리는 조금 어질어질~속도 조금 메슥메슥~거려 입맛이 없지만,
제일 중요한 미션이니까~ 잘 먹는 나를 칭찬해!

2021년 8월 23일

오랫동안 쉬고 일하러 가려니 몸이 찌뿌둥~날씨도 찌뿌둥~
역시나 일하기 싫은날! 비구름 사이 빼꼼 얼굴 내미는 맑은 하늘보고,
무거운 몸 이끌고 일하러 가는 나!! 칭찬해~^^

2021년 8월 24일

수술 후 처음 먹는 김밥 and 잔치국수!
너무 맛났어요~ 소화는 좀 안되는 거 같긴했지만….
무모한(?) 입맛 도전을 해보았습니다.
소소한 행복을 위해 가끔 무모한 도전하는 나를 칭찬해.

2021년 8월 25일

샵 조명공사를 새벽까지 도왔습니다. 가게를 통 돌보지 못하고 와이프에게 맡기고
떠넘기기 바빴는데 큰 문제를 같이 해결한 것 같아 뿌듯했어요.
문제해결의 도움이 된 나 칭찬해~~^^

2021년 8월 26일

우리 3팀 분들을 다 뵐 수 있어서 행복한 날!! 소개도 받고 소개도 하고….
매일 3팀 분들을 위해서 기도하겠습니다.
오늘도 나와의 약속을 지키려 노력하는 나~~ 칭찬해!!^^

2021년 8월 27일

제가 최애하는 집 근처 빨래터(?)에서 밀린 빨래를 할 수 있음에 감사했습니다.
그러한 시간을 주셨고 그러한 체력올 주신에 얼마나 감사한지요.
정말 감사한 하루입니다.

2021년 8월 30일

하늘에 구멍이 났는지… 하루종일 비가 많이 오는 오늘….
비를 좋아하는 제겐 감사한 하루! 몸은 무겁지만 빗망울도 살짝 맞아보고
비내음도 맡을 수 있어서 감사했습니다.

2021년 8월 31일

사랑한다는 말도 다 하기 부족한 시간에 오랜만에 아침 댓바람부터 티격태격 한판 했어요.
빨간신호 대기타다가 그래도 감사했습니다.
옥신각신 할 수 있는 사람이 제 곁에 있음을….

2021년 9월 1일

오랜만에 비행기 타고 올레 제주도에 왔습니다 :)
와이프랑 바람도 쐬고 힐링도 할 겸~겸사겸사요~*
힘든 와중에 제주도에 올수 있어서 감사했습니다!!(근데 비…ㅠㅠ)

2021년 9월 2일

응급으로 신속한 조치를 해주신 구급대원분들, 이대 서울병원 응급실 의료진분들, 수술해주신 선생님, 입원 후 모든 케어를 꼼꼼히 해주신 간호사님들, 항암 담당(혈액종양내과)선생님! 모두 감사합니다!

2021년 9월 3일

어제 밤 그리고 새벽 내동(내내) 천둥번개와 어마무시한 비가 쏟아지더니만….
똫!! 이렇게 좋은 날씨와 아름다운 날을, 아름다운 곳에서 아름다운 아내와 함께 맞게 해주셔서 감사합니다.

2021년 9월 4일

오랜만의 제주도 여행은 비로 시작해서 비로 끝났지만 감사한 시간을 보냈고 새로운 꿈을 꿀 수 있는 그리고 여러 가지를 생각할 수 있는 시간을
갖을 수 있어서 행복했습니다.

2021년 9월 6일

늘 묵묵히 곁을 지켜주는 사람이 있어서 행복합니다.
남들과 다른 길을 걷고 있는 내가 싫을 법도 한데 변함없이 좋아해주고
더 좋아해주는 사람이 있어 행복합니다. 고마워~*

021년 9월 7일

매주 수요일은 class day~ :) 학생들을 화상으로 만나 수업을 진행합니다.
어려운 상황에도 집에서 학생들을 만나고 수업을 가르칠 수 있음이 감사하고
약간 고되지만 행복한 하루!!

2021년 9월 8일

혈액종양내과 이수진 교수님 뵈러 왔습니다. 혈액검사결과도 좋고
살은 좀 빠지긴 했지만 잘 하고 있다고 칭찬 해주셔서 기분이가 좋네요ㅎ
행복하고 감사한 하루입니다. 교수님 감사해요.

2021년 9월 9일

와이프랑 함께 요양집(?) 알아보러 돌아다니는 시간
이, 그 재미가 쏠쏠하네요.
아직 딱 맞는 건 못 찾았지만 언젠간 나타나겠죠?
사실 함께 돌아다니는 이게~행복한건 안 비밀~^^

2021년 9월 10일

생각하는 정원을 탄생시킨 성범영 원장님의 명언[****]
을 보면서 다시한번 생각해봅니다.
평생을 분재를 키우시면서 얻은 영감, 저도 이 문구
로 받아봅니다.
저도 생각을 바꿔보겠습니다.

2021년 9월 14일

처음으로 함께한 여행, 아빠가 못 오셔서 아쉬웠지만
와이프와 엄마 그리고 나,
고부간의 갈등없이 친구처럼 수다를 떨고
함께 편하고 즐거운 시간을 보내는거 보니
행복 그리고 감사!

2021년 9월 21일

[****] 분재는 뿌리를 잘라주지 않으면 죽고 사람은 생각을 바꾸지 않으면 빨리 늙는다

시간은 모두에게 똑같이 흐른다.
암환자들에게만 특혜가 주어지지 않는다. 그대로 두면 하염없이 흘러간다.
행복한 시간을 붙잡아두거나 길게 늘어뜨릴수는 없을까…?

2021년 9월 24일

이렇게 한달 간의 세줄일기 프로젝트를 마쳤다.

늘 감사함을 먼저 떠올리는 건 쉽지 않은 일이었고 그 이후로도 세줄일기를 쓰려고 노력을 했지만 시간이 지나면서 띄엄띄엄 하게 되다가 이내 다시 안 쓰게 되었다. 꼭 초등학생때 방학숙제로 내 준 일기숙제를 몰아서 한 후 선생님께 검사를 맡고 그 후로는 안 쓰는 것처럼 말이다. (관성의 법칙처럼)

하지만 프로젝트만으로 생각했을때 암환우들과 함께 감사함을 나누는 일기를 공유한다는건 너무 좋았고 많은 위로가 되었던 것 같다. 암환우들뿐 아니라 모두가 꼭 한 번 해보시라고 추천드린다. 세줄일기란 어플에서 매일, 매일 세줄 분량의 일기를 쓰면 된다. 책으로도 제작 가능한데 나중에 제작 후 집에서 읽어 보면 꽤나 기분도 좋고 감회가 새로워질 것이다.

최근에 다시 세줄일기를 쓰기 시작했다. 살아있는 것만으로도 감사한 인생인데, 그걸 잊지않고 늘 감사하는 인생을 살기 위해서 기록하는 것만큼 좋은 방법이 없는 것 같아서이다.

PART 5

멈출 수 없는 삶의 걸음

새로운 도전들

▶ 암 너머의 꿈을 그리다

캐시카우라는 말을 아는가?

세상에서 가장 갖고 싶은 젖소가 있다면 아마 캐시카우일 것이다. 캐시카우란 a division which has a big market share in a low-growth industry or a sector 즉, 제품 성장률은 낮아졌지만 수익률은 여전히 높은 산업, 그런 단계의 산업을 얘기한다. 어려운 얘기는 옆에 두고 쉽게 얘기하자면, 현금을 만들어주는 젖소, 돈을 벌어다 주는 젖소를 말한다.

암에 걸렸다고 해서 일 자체를 멈춰야 한다는 의미는

아니다. 사실 암에 걸리고 보험비가 짱짱하게 나오지 않는 한(나오더라도!!) 일을 제대로 못하게 되는 것까지 고려하면 더더욱 돈은 더 필요할 수밖에 없다. 그래서 암 때문에 몸 상태가 아주 심각하지 않는 한 생산성 있는 일, 즉 돈을 벌 수 있는 일을 더 찾게 된다. 아니 찾아야 한다. 그게 현실이기 때문이다.

항암을 하고 살이 빠지면서 체력이 예전 같지 않았기 때문에 육체적인 일을 하기에는 많이 부족한 사람이 되어 있었고 사실 무대에 서거나 가르치는 일도 예전만큼 할 수 있을지 장담할 수는 없었다. 그래서 눈감고도 할 수 있는 일이 전에 하던 일이었지만 다른 일을 해야겠다는 생각을 자연스럽게 했다.

운전을 하고 가다가 종종 튀어나오는 다리에 심한 쥐가 나는 거 같은 마비 증상이 오면 위험할 수 있고 수업을 하기 위해서 2시간을 왔다 갔다 할 체력 또한 내게는 없었다. 그래서 생각해 낸 것은 코시국이 오면서 유행하기 시작한 줌 수업이었다.

줌 수업으로 해도 효과가 나는 친구들(학생)이 있고, 그렇지 않은 친구들도 있는데 애석하게도 내가 맡은 학생들은 후자였다. 역시나 몇 차례의 수업 후 중단 통보(?)를 받았다. 당연히 그 학생들을 위해서 부모님들의 결정은 옳았고 나도 그게 맞다고 생각했다.

영어는 오랫동안 가르쳐봤으니 이번엔 외국인을 상대로 한국어 가르치는 일을 해 봐야겠다는 생각을 했다. 암환자가 되기 전에 준비한 것이지만 "한국어교원자격증 2급"을 끝까지 완수했고 원격으로 가르칠 계획을 세웠다. 한국어를 가르치는 것에 대한 열망은 예전부터 있었는데 그건 K-키워드가 먹힐 날이 분명히 온다고 생각했기 때문이다. 한국인이라고 해서 한국어를 잘 가르친다는 법은 없었지만 영어를 누구보다 쉽게 가르친 경험(력)이 있었기 때문에 한국어도 별반 다르지 않을 거라 생각했다.

그런데 접근이 쉽지 않았다. 예상과는 다르게 수업이 잘 잡히지 않았기 때문이다. 그러다가 마케팅을 만났다. 퍼포먼스 마케팅(구글, 메타)을 하는 동생이 있었는데 그 동생으로부터 제안을 받았다.

"형 몸은 어떠세요?"

"뭐 맨똑(맨날 똑같다)이지, 넌 잘 지내니? 마케팅은 잘하고 있고? 혹시 알바할 거 있음 형한테도 좀 알선 좀 해주라이~"

"어~? 형 그러면 한 번 만나시죠"

오랜만에 동생을 만나게 되었고 가게 마케팅 전략에 대해 물어보다가 이야기는 더 심화되어 네이버 마케팅 대행사를 하는 선배가 네이버 실행 쪽을 해 볼 생각 없냐고 제안이 왔다는 것이다. 그래서 블로그 마케팅부터 시작할 건데 나랑 같이 하고 싶다는 거였다.

그래서 시작한 블로그 마케팅 실행 사업은, 생각보다 빨리 확장해 나갔다. 이미 네이버 마케팅 대행사를 하는 친구가 주는 업무가 보장되어 있었고, 내가 마케팅을 한다고 하니 주위에서도 하나 둘씩 문의를 하고 맡기기 시작한 것이었다. 블로그 기자단 마케팅 실행을 하고 거기에서 멈추지 않고 네이버 플레이스 순위를 높이는 실행 가능한 스킬을 공부하고 실험해 나갔다.

매출은 빠르게 늘어났다.

하지만 안정적인 회사의 매출이라고 하기에는 아직 미약했다. 그래도 성장해나가는게 기뻤다. 시행착오도 많이 있었지만 매출이 늘고, 고스란히 경험으로 쌓여가는 것도 좋았다. 프랜차이즈 본사에 가서 점주님들을 모시고 교육도 할 수 있었다. 그러다가 다시 소강상태가 왔다. 동업이 깨지면서 마케팅을 하는 게 녹녹치 않게 되었기 때문이다. 7년을 마케팅하는 사람의 지식이 1년 만에 나의 것이 될 수 있겠는가? 그래서 난 이렇게 1년 만에 또 위기를 맞았다. 계속 잘 될 거라 생각했지만 역시 사람 일은 마음대로 되지 않았다. 쌍코피를 흘려가면서 열심히 했던 일이었지만 이것도 아닌가? 라는 생각이 드니 스스로에 대한 실망감이 더해졌다.

'암환자는 뭘 해도 안 되는 것인가?'

라는 생각이 들면서 서글퍼졌다.

잘하고 싶은데 마음처럼 되지 않으니 캐쉬카우를 찾기는 커녕 수렁에 빠지는 것만 같았다.

▶ 션씨다해의 탄생

암환자가 된 기념으로 유튜브를 하려는 건 아니었다. 전부터 만들어놨던 채널에 영상을 채우면 되는 것이었다. 다만 다른 게 있다면 처음에 하려 했던 채널에서 이제는 확고한 컬러가 생긴 것이었다. 바로 암과 관련된 채널을 만들자는 것!!! 마케팅 교육을 본격적으로 하고자 만들었던 마마고미(내가 만든 캐릭터명_마케팅 마스터 곰이의 줄임말)라는 이름으로 채널을 개설했나. 혼자 히려해도 할 수 없었던 일을 유튜브 전문가인 동생의 도움을 받았다. 편집이 어려워 영상을 찍기 어려웠는데 어떻게 찍어야 하며 어떤 식으로 대본을 써야 하는가 하는 등의 전반적인 내용을 가이드해 주었다. 편집에 대한 어려움을 토로하자 편집을 할 수 있는 전문가까지 연결해주었다.

내 채널의 내용은 기스트 암을 어떻게 해서 걸렸는지에 대한 이야기랄지, 기스트 암에 관한 정보와 암에 관한 이야기를 했다. 또 앞으로 이루고 싶은 내 버킷리스트를 얘기하는 등등의 컨텐츠로 채워나갔다. 그와 동시에 다른 컨텐츠를 하고 싶다는 마음이 들었다. 내가 아미북스를 만났을 때의 밝음을 내 채널에 담고 싶었다. 더 고차원적이고 더 가치가 있는 내용을 담고 싶었다. 한 번에 어떻게 해야 할지 내용이 그려지지 않았다.

나의 도전이랄지, 암친구들의 도전을 보여주는 컨텐츠, 그 도전을 보면서 사람들이 용기를 얻고 희망을 얻는 그런 컨텐츠를 만들려는 계획을 했다. 일이 바빠지면서 생각에만 머물던 그때, 소중한 암친구 두 명이 하나님 곁으로 먼저 갔다.

새로운 컨텐츠의 주인공인 그들이 내가 우물쭈물하다가… 내가 생업에 바쁘고 내 몸 챙기기 바쁘다는 핑계로 그들은 그렇게 갑자기 하늘로 갔다. 가기 전에 함께 영상을 찍고, 그 안에서 위로와 격려를 해주고 싶었는데….

정신이 번쩍 들었다! 얼마나 많은 암 친구들이 곁을 떠나야만 내가 하려는 일을 할 것인가.. 장례식장을 다녀온 후 집에 도착하자마자 바로 채널명을 바꿨다.

마마고미라는 채널에서 원래 채널명이었던 션씨다해 doitseansea라는 이름으로 (아미다해에서 착안한 이름이긴 하지만!!) 변경을 했다. 내가 앞으로 만들어가야 할 채널의 방향성과 이만큼 부합하는 이름은 떠오르지 않았다. 참고로 션은 내 영어 이름이다. 이 채널은 션(씨) 하고 싶은 건 모든 걸 다해라는 의미도 있지만 션의 바다에서 (환우들이여) 다해(보자)라는 의미도 있다.

유튜브를 하는 이유 중 유튜브 영상을 통한 수익화에도 당연히 목직이 있다. 가능하면 수익화가 크게 되었으면 좋겠다. 크게 돼서 나도 채널명처럼 하고 싶은 거 다 도전 해 보고 물질적으로 필요한 암환우들도 하고 싶은 거 다 할 수 있게 도움이 되고 싶다. 수익화가 잘 되지 않는다 하더라도 본질적으로 좋은 영향력을 끼치는 채널이 되는 게 근본이고 우선이라는 생각이다. 내 채널을 통해서 한 번이라도 웃을 수 있고 한 명의 암환자라도 희망과 용기를 얻을 수 있다면 난 그것 만으로도 행복할 것 같다.

욕심을 좀 더 내본다면, 암환우들이 서로를 돕는 따뜻한 모습이 일반인들에게도 전해져서, 더 많은 사람들이 이 나눔에 동참했으면 좋겠다. 그 따뜻함이 퍼져나가 우리 사회의 소외된 이웃들에게까지 닿을 수 있다면 얼마나 좋을까. 내 작은 채널이 누군가의 마음에 잔잔한 파문을 일으킬 수 있다면, 그것만으로도 충분한 의미가 있을 것이다.

▶ 암환자의 빛나는 삶을 위해

부모님을 비롯한 주위의 많은 분들이 나를 보면서 늘 하는 말들이 있다.

"너무 무리하지 마라 너 암환자잖아."
'맞아! 나, 암환자였지…'

가끔은 무리하면 안 되지 하면서도 막상 내 삶을 들여다보면, 하는 일이 왜 이렇게 많은지….

그런데 난 내가 암환자라는 사실보다 암환자이기 때문

에 세상 다 끝난 사람처럼 사는 게 더 슬플 것 같다는 생각이었다. 내가 그렇게 할 수 없는 상황이 된다라면 어쩔 수 없이 상황에 맞춰 순응해야겠지만 추적관찰 1년 차 아직은 쌩쌩한 상태라서 그런지, 난 어느새 여러 가지 일을 하는 N잡러가 되어 있었다.

 난 확실한 수입처가 더 필요했다. 그래서 시작한 건 내가 투병할 때 많이 먹었던 부세조기구이 사업이었다. 암환자에게는 단백질이 굉장히 중요하다. 좋은 단백질을 찾는 건 쉽지만 똑같은 음식을 계속 먹는 건 어려운 일이었다. 흰살생선을 많이 먹으면 좋다고 하는데 항암을 하고 나서는 후각이 더 예민해져서 먹기가 쉽지 않았다. 구우면서 나고, 조리 후 남아있는 생선 비린내가 그렇게 곤혹스러울 수가 없었다. 그러다가 부모님께서 건네주신 부세조기!! 완조리가 되어있어서 햇반처럼 포장지를 뜯고 전자레인지로 데워서 먹기만 하면 됐다.

 그냥 조기라고 하면 재미가 없으니 상품명은 황금조기구이와 스토어명은 구이당이라는 이름으로 개설하고 판매를 시작했다. 대박이 나진 않았지만 지금까지 암환자분들을 비롯한 여러 구매자들이 꾸준히 구매를 해주고 있다. 판매 수익의 일부는 불우한 이웃이나 암환우들을 돕고 있다.

마케팅을 하다 보니 주위분들이 관심을 많이 갖게 되었다.

자영업을 하는 분들은 어떻게 하면 네이버 검색 순위를 올릴 수 있는지 물어보고 마케팅을 통으로 맡기기도 했다. 그러다가 간판회사를 하는 형님과 협력을 하게 되었다.

오프라인 마케팅의 꽃인 간판회사와 온라인 마케팅회사가 만나 큰 시너지를 내고 있다. 간판 제작을 할 때에도 타 간판업체들과 다르게 현장(오프라인)의 시선과 온라인 마케팅의 시선이 교차되는 지점에서 디자인과 제작이 들어가고 간판 제작뿐 아니라 업주가 원할 시에는 자연스럽게 온라인 마케팅과 함께 컨설팅과 실행이 들어간다. 전무후무한 토탈 마케팅 프로젝트가 된 것이다.

이렇게 나는 하는 일의 지경을 자꾸 넓히고 싶다. 어

떤 것이 잘 될지 모르니 자꾸 그물을 던지는 것 아니냐라고 말하는 사람도 있을 수 있다. 물론 그 말 또한 완전히 틀린 건 아니지만 그 말보다는 나는 지금 내가 할 수 있고 하고 싶은 일을 늘려가는 과정에 서 있다 라고 말하고 싶다. 이러다 보면 자연스럽게 정리되는 일도 있을 것이고 또 다른 일로 파생되거나 융합되는 일도 있을 것이다. 중요한 건 일단 움직여야하고 우물쭈물할 바에야 그냥 하는 게 낫다.

암에 걸리기 전에는 생각이 길었다. 계획도 길었다.

그리고 무언가를 시작하려 할 때 완벽하게 준비하고 하는 게 맞다 라는 생각 때문에 시기를 놓친 적도 많았다. '하나님 옳은 길로 인도해주세요.' 하고는 결국은 내 생각대로 내 멋대로 하는 것도 허다했다. 근데 경험상 정말 아닌 길은 어떻게든 막으신다. 그리고 아직 시기가 아닌 일도 우회시키신다. 그래서 늘 하나님께 지혜와 명철을 달라고 옳은 길로 인도해주시라고 기도한다. 어쨌든 걸음을 떼야 그 길을 인도해주실 것이기에 일단 움직인다. 움직이다 보면 길을 보여주시거나 만들어 주시기도 하고 막거나 우회시키기도 하신다.

주위에서는 아직도 걱정이 많다. 너무 무리하지 말라고도 한다. 그런데 진심 아직 무리할 정도는 아니다. 그냥 좀 바쁘다 정도이다. 암에 걸리기 전에도 바쁘게 살았지만 그때의 바쁘다와는 다른 느낌이다. 뭔가 순리대로 흘러가며 바빠지는 그런 느낌???!!!이랄까….

그래서 지금의 '무리한다'는 말은 예전의 그것과는 다르다. 무의미한 소진이 아닌, 내 삶을 빛나게 하기 위한 의미 있는 과정이기 때문이다.

그래서 암환자인 나는 빛같은 삶을 살기 위해 도전하는 N잡러가 되었다.

▶ 아버님! 제가 선배입니다. 암선배요.

　암환자가 되고 보니 눈에 보이지 않는 서열이 존재한다는 걸 알았다.

　일단 먼저 걸리고 나중에 걸리는 것도 중요한 서열의 요인이 될 수 있지만 어떤 암종이며 기수가 어떻게 되느냐 또한 중요한 서열의 요인이 된다. (기스트암은 저, 중, 고위험군으로 나뉜다) 서열이 높다고 으시대는 것이 아니라 암 선배들은 암 후배들에게 관심병과 배려증이 생긴다. 그만큼 본인들이 힘들게 걸어오며 겪어왔던 그 길을 걷지 않고 겪지 않길 하는 바람에서이다.

나는 희귀암이어서 그런지 주위에서 내게 큰 도움을 줄 수 있는 사람은 없었다. 기스트 암 카페에 들어가서 많은 정보를 얻고 해외 사이트와 책을 찾아가면서 원하는 정보를 얻을 수 있긴 했지만 여타의 암에 걸리시는 분들에게 도움을 받는 경우는 없을 거라고 생각했다. 그런데 그게 아니었다.

난 위 상부와 식도 하부에 종양이 생겼고 식도 하부와 위 상부를 절제하는 수술을 받게 된 케이스라서 음식물을 넘기고 소화시키는 일에 있어서 굉장히 불편했고 힘들 수밖에 없었는데 그럴 때 도움을 준 건, 식도암 환우와 위를 절제한 위암 환우 선배분들의 조언이었다.

암 선배분들의 꿀팁은 이러했다.
(나처럼 식도와 위 절제 수술을 받으신 분이 계시다면 참고하셔도 좋다)

【식도와 위 전절제 혹은 부분절제를 하신 분들을 위한 꿀팁】
- 차가운 음식이나 물보다는 미지근하고 따뜻한 음식과 물을 먹는다.

- 매 식사 때마다 티스푼으로 식사를 시작한다.
- 티스푼으로 음식을 먹을 때 입에서 최대한 많이 씹고 천천히 넘긴다.(10분에 티스푼 하나)
- 식도와 위가 좀 적응이 된다 싶으면 양을 조금씩 조금씩 늘려 먹는다.(속도는 천천히!!)
- 음식이 잘 안 들어갈 때에는 사과나 부드러운 과일을 으깨어 먹는다.
- 식사 후 음식물이 역류할 수 있으니 바로 움직이지 않는다.

위 6가지의 꿀팁은 정말 많은 도움이 됐다. 거기에다가 내 경험팁을 하나 더 얹어본다면 밥을 먹을 때 한 번씩 식도에서부터 턱 막혀서 안 넘어갈 때가 많은데 이때는 식도를 막는 어떤 끈적끈적한 성분의 음식이 있는 건 아닌지 체크해보면 된다. 가령 삼계탕의 닭기름이나 계란의 미끌거리는 흰색 점액질 같은 달걀막(난막), 참기름, 들기름 같은 류가 그러한 성분의 음식이라 보면 된다.

어느 날 아버님과 어머님이 울릉도에서 올라오셨다.
울릉도는 이렇다 할 큰 병원이 없다 보니까 육지에 올

라와 병원을 가셨는데 검사에서 아버님의 염증 수치가 굉장히 높게 나와서 큰 병원으로 가봐야 할 것 같다고 하셨다. 서울의 유명한 병원 3군데를 찾아갔다. 고령이시다 보니 더 확실하게 하기 위함이었다. 가는 곳마다 똑같은 검사를 했고 결과는 같았다.

전립선암 초기였다.

결과는 같았지만 각 병원마다 앞으로의 치료 방법에 대해서는 다르게 얘기하였다. 주위에 전립선암 환우에게 물어보기도 하고 의사 지인들에게도 물어보니 고령이시긴 하지만 암이라는 게 수술을 할 수 있다면 제거하는 게 일차적으로 좋다고 했다. 내 상식선에서도 그랬기 때문에 수술을 하는 게 낫다라고 생각이 들었다.

병원을 정했고 수술날이 다가왔다.
입원 수속을 밟고 동의서를 받은 후 갑자기 수술을 안 하시겠다고 하신다. 어디에서 들으셨는지 수술하다가 영영 눈을 뜨지 못할 수도 있고 살아있어도 사람 같은 삶을 못 사는 게 암환자의 삶 아니냐며 집에 가겠다고 하셨다.

입원 수속을 다 밟아놓고 수술 안 받겠다며 가겠다고 하시니 마음이 너무 답답했다. 어머님의 얘기도, 자식들의 얘기도, 간호사의 얘기도, 그 누구의 얘기도 듣지 않았다. 보다 못한 내가 나섰다.

"아버님!! 제가 암 선배잖아요. 제 얘기 좀 들어보세요. 수술 하시면 훨씬 더 편안하게 잘 사실 수 있는데 왜 갑자기 이러세요!"
"그냥 하기 싫어. 집에 갈란다. 내가 살면 얼마나 살겠냐? 그냥 이렇게 살다 죽을란다."

아버님은 단호하셨다.
난 너무 막막한 마음으로 급하게 기도를 했다.

'하나님 수술도 하나님의 치유 방법임을 믿습니다. 그 치유의 손길이 아버님께 닿게 해주세요. 아버님께 수술 받고 싶은 마음을 주세요!'

마침 회진 중이신 수술 담당 주치의 선생님이 오셨다. 나는 선생님께서 아버님 병실에 들어오시기 전에 이런 상황이라고 말씀을 드렸다. 알겠다고 하셨고 선생님은 아버님께 말씀을 드렸다.

"아버님! 금방도 87세 할아버지 분도 같은 수술하셨고 수술도 잘 끝났습니다. 그분보다 아버님은 훨씬 젊으시잖아요. 걱정하지 마세요. 아버님도 충분히 하실 수 있습니다. 수술 잘 받으시고 10년, 20년 더 사셔야지요. 그리고 몇 년을 사시더라도 고통 없이 사시는 게 좋지 않겠어요? 제가 자신이 있으니 저 믿고 해 보시지요."

라고 말씀하시면서 아버님을 달래셨다. 이 한마디에 아버님은 수술을 다시 하시기로 마음을 잡으셨다. 아버님의 마음을 돌린 건 암 선배인 내 말 때문이 아니었다. 의사 선생님의 말씀 한마디였다.

자신감을 내비친 선생님의 말 한마디에 얼음장같던 아버님의 마음이 녹았고 수술을 결심하게 되신 것이었다. 그 이후로도 아버님은 암 선배인 나의 말을 듣진 않으셨지만 선생님의 말씀은 잘 들었고 그렇게 수술을 잘 끝내고 회복도 빨리 하셨다.

내가 아버님의 암 선배가 되었듯이, 나의 1호 암 선배는 사실 내 제자이다.

제자 성현이는 성현이가 중학생이었을 때 내가 영어를 가르쳤던 제자다.

대학을 들어갔다는 소식은 들었는데 한동안 연락이 안 되어서 성현이를 알고 있는 또 다른 제자 창수에게 물어보니 성현이가 혈액암에 걸렸다는 것이었다. 그 후로 연락이 잘 되지 않았다가 나중에 골수이식을 받고 완쾌 판정을 받은 후에야 성현이를 볼 수 있었다. 하지만 다시 봤을 때 나는 성현이의 암 후배가 되어 있었다.

성현이가 나에게 딱히 무언가를 조언해준 건 없었지만 암 선배로서 응원해주는 것 자체가 너무 고맙고 힘이 되었다. 나 또한 내가 드린 말이 아버님께 크게 도움이 된 건 없었겠지만 암선배로서의 내 존재가 동질감이든 아니면 어떤 형태로든 간에 아버님 마음 한 켠에는 힘이 되고 응원으로 다가왔을까…?? 그랬길 바랄 뿐이다.

▶ 그냥 암환자가 아닌 건강한 암환자

어릴 때부터

"세상에서 가장 존경하는 사람이 누구인가요?"

라고 한다면 난 일초의 망설임도 없이 아빠, 엄마라고 했다.

그만큼 나란 사람에게 가장 영향력을 많이 끼치신 분들이기 때문이다.

아버지는 어릴 때부터 내게 있어서 큰 소나무와 같은 존재이다. 계시는 것만으로도 든든하고 고민이나 문제가 있을 때 가장 현명한 방법으로 조언을 해주시는 분이기 때문이다.

아버지는 교육부의 정식 인가를 받은 기독교 대안학교인 동명고등학교 교장선생님으로 은퇴를 하셨다. 물론 어릴 때부터 교장선생님이신 아버지를 본 건 아니다. 조대부고(남고), 조대여중, 조대여고 수학선생님이셨던 아버지 그리고 조선대학교 수학통계학과 출강 강사님이셨던 아버지를 봤다.

중학생 때였을까? 아마 토요일 오전이었던 걸로 기억한다. 내가 몇 학년이었는지 정확하게 기억은 안 나지만 아마 중학교 2학년 때였던 걸로 기억한다. 초인종이 울렸다. -띵동! 스피커폰을 들었다.

　나: "누구세요?"
　어떤 아저씨: "정소지 교수님 계실까요?"
　나: "잠시만요. 아빠!! 누가 오셨어요."

문을 열어드렸는데 얼굴을 빼꼼하고 내밀더니 대문으

로 들어오신 분은 음료수 한 박스를 가지고 들어오셨다.

아빠가 나가셨다.

난 궁금해서 안에서 방 창문으로 아빠를 만나러 온 어떤 아저씨와 아빠를 보았다. 대화가 궁금했다. 창문을 살짝 열어 대화를 엿들었다.

아빠: "뭐 이런 걸 사오셨어요? 이런 거 사오심 안 되요."
대학생(=어떤 아저씨): "아뇨, 교수님 제가 이번에 시험을 잘 못봤는데, 점수를 어떻게 잘 주시면 안 될까요?"
아빠: "보신 대로 점수를 받는 거죠."
대학생: "잘 좀 부탁드립니다. 이건 제 성의입니다."

하면서 음료수 한 박스 말고도 두툼한 봉투를 건네시는 게 보였다. 아버지는 그 봉투를 받지도 않으시고 그냥 넣으시라고 했다. 봉투는 손끝으로도 선들지 않으신 채, 건네는 손을 통째로 만류하셨다. 받으신 음료수 박스도 그대로 돌려주셨다. 난 속으로, '음료수는 받아도 되지 않나?'라는 생각을 했지만 뒤이은 아버지의 대답은 이러했다.

"시험지는 다시 한 번 검토해 보겠습니다만 이런 걸 주시면서 점수 올려달라고 부탁하시는 건 하시면 안 됩니다. 오늘 오신 건 서로 없던 일로 하겠습니다. 조심히 가세요."

하고 정중히 돌려보내셨다. 우리집은 넉넉한 편이 아니었다. 그렇다고 가난하거나 부족한 집도 아니었다. 그냥 평범한 집이었다. 그때 그 시절에는 촌지 같은 게 만연했던 때라서 솔직히 눈 한 번 찔끔 감고 받아도 아무도 뭐라 할 사람은 없었을 텐데 아버지는 그러지 않으셨다. 아버지의 봉투 거절 사건(?)은 아버지를 존경할 수밖에 없는 이유들 중 하나의 큰 이유가 되었고 내 뇌리에 깊숙이 박히게 되었다.

아버지는 선비같은 분이시다.
그렇다고 화를 내지 않고 그러신 분은 아니셨고 어릴 때 기억으로는 좀 무섭고 무뚝뚝하고 굉장히 엄하셨던 걸로 기억한다. 아버지는 전공이셨던 수학통계학과 정직교수가 되고 싶어하셨고 그래서 고등학교 선생님을 하시면서도 밤잠을 줄이고, 개인 시간을 투자해가면서 박사학위까지 따내셨다. 난 그런 아버지가 대단하다고 생각했다.

그런데 아버지의 꿈은 좌초되고 만다.

나중에 알아보니 정교수가 되기 위해 보는 시험도 일등으로 통과하셨고 충분한 자격이 되셨지만 면접에서 교수들의 만장일치를 받지 못하셨기 때문이었다. 교수가 되려면 교수들이 다 만장일치가 되어야 하는데 술도 한 잔 안 하시는 아버지가 그런 자리를 마련하지는 않으셨을 테고 아버지 담당 교수님도 "너가 술 한 잔만 해도 교수가 됐을 텐데…" 라고 말씀하셨다고 한다. 아버지는 신앙관이 철저한 분이시기 때문에 타협은 없으셨다. 그게 꿈을 이룰수 있는 절호의 기회일지라도 말이다.

결과적으로는 하나님이 더 좋은 길로 인도하시긴 했지만 어쨌든 그 당시 아버지는, 어렵게 얻은 박사학위의 주목적인, 정직교수가 되지 못했다는 실망감이 크셨으리라 생각한다. 내 느낌인지는 모르겠지만 아버지는 어두워지셨다. 더 부뚝뚝해지셨고 더 무서워지셨다. 일 년 동안 환하게 웃으시는 걸 본 적이 없었다.(내 기억으로는….)

그 와중에 난 사춘기에 심하게 접어들었다.

PART 5. 멈출 수 없는 삶의 걸음

늘 어두운 것 같은 집안 분위기에 있는 게 싫었고 친구들을 좋아했던 난 친구들과 어울려 다니면서 놀기 바빴다. 공부도 뒷전이 되었다. 누가봐도 어릴 때 하면 좋지 않은 걸, 하기 시작했다.

그렇게 1년? 2년? 정확히 기억이 안 나지만 어느 정도 시간이 흘렀던 어느 날 아버지께서 변하기 시작했다. 그런 상황적인 변화가 아니라 아버지 자체가 변하기 시작한 것이었다. 아버지의 얼굴에서 웃음꽃이 피기 시작했고 딸과 아들에게 다가오기 시작했다. 대화를 다시 하기 시작하셨고 집안의 무슨 일이 있거나 상의할 일들이 있으면 그걸 나누기 시작했다. 그때부터 시작된 변화는 가정예배였다. 매일매일 가정예배를 드리기 시작했고 예배를 다 드리면 대화가 이어졌다.

그리고 아버지의 변화는 계속되었다. 물론 더 좋은 쪽으로!

그러시다가 내가 고등학교에 올라갈 때 아버지는 광주광역시 교육청에서 대안고등학교사상 최초로 인가받은 동명고등학교의 초대 교장선생님이 되셨다. 교육계 처음으로 멘토링 시스템을 도입하셨고 군대의 한 분대에 분대장, 부분대장이 있는 것처럼 한 반에 두 명의 담임선생님을 배치하여 아이들을 초밀착 케어하는 시스템을 만들기도 하셨다.

초대 교장선생님으로서 훌륭하게 임기를 마치셨는데 대한민국 5대 훈장 중 하나인 옥조근정훈장을 수여받기도 하셨다.

어떻게 아버지는 갑자기 변화하셨을까? 나중에 시간이 더 흘러 여쭤본 적이 있다. 아버지의 대답은 명확했다. 책 한 권을 알려주셨는데 그 책의 내용과 같은 마음이 그 당시 아버지 마음에 흘러들어와 회개를 진하게 하시고 변화하기로 결심하셨다는 것이었다.

그 책의 제목은 루 프리올로의 "네 자녀를 노하게 하지 말라"였다.

아버지의 변화는 아버지의 인생뿐 아니라 가정을 변화시켰고 교육계를 변화시켰다. 한 사람의 변화가 이렇게

PART 5. 멈출 수 없는 삶의 걸음

큰 영향력을 미칠 수 있다는 건 놀라운 일이다. 아들의 눈으로 본 아버지의 변화와 그 변화를 통한 영향력을 보면서 어떻게 아버지를 존경하지 않을 수 있겠는가?

어머니의 삶 또한 내게 꿈꾸는 사람이 되게 하는데 큰 영향을 주었다.

어머니는 어릴 적 고향인 순천에서 유선방송국을 운영하시던 할아버지 덕에 부유한 집에서 자랐지만 할아버지가 서신 보증이 잘 못 되는 바람에 집이 한순간에 쫄딱 망하게 되었다.

9남매 중 일곱 번째인 어머니는 할머니의 영향으로 성량도 좋으셨고 음악에 대한 재능이 있었지만 대학 대신 취업 전선에 뛰어들기 위해 자격증 공부랄지 준비를 하셨다고 했다.

누나, 형 그리고 막내인 나를 낳으실때까지 음악에 대한 꿈을 버리지 않으셨고 결국 큰아버지와 아버지의 서포트로 사범대 음대에 수석으로 합격하시게 됐다. 어머니 나이 30살이었다.

만학도로 학교를 다니셨는데 가끔은 나를 업고 다니셨다고 했다.(실제로 엄마의 대학 동기들(?)과 찍은 사진에 나를 심심치 않게 찾을 수 있었다) 수석으로 입학하시고 수석으로 졸업을 하신 어머니는 대학 시절 내내 전장(전체 장학금)을 받고 다니실 정도로 열심히 하셨다고 하는데 생각해보면 애 셋을 키우면서 어떻게 공부를 하셨을까…. 지금 생각해도 대단하다는 생각이 든다. 그런 어머니 덕분에 난 포기하지 않고 최선을 다하는 자세까지 배웠다.

어머니는 화려한 무대가 어울리는 분이셨다. 난 그런 엄마가 어릴 때부터 자랑스럽고 존경스러웠다. 나 또한 무대에 서는 사람이 되고 싶다는 동경을 엄마의 무대를 보면서 하게 됐다. 다수의 오페라에서 주역을 맡으셨고 피아니스트이신 이모와 함께 독창회도 많이 하셨으며 여러 음악 활동을 하시면서 3년 전에는 CCM 앨범을 내기까지 하셨다. 그 앨범을 작업하실때 아픈 나를 생각하면서 부른 눈물의 CCM 도 있었다고 하셨다.

어머니는 어머니의 꿈을 포기하지 않았고 늦게 시작한

그 꿈은 결국 결실을 맺었다.

내가 어머니를 존경하는 가장 큰 이유는 여기에 있다. 늦었지만 꿈을 포기하지 않고 이루신 것도 있지만 자식 셋을 키우는 엄마의 역할을 다 하면서 어머니의 꿈을 이뤄내셨다는 데 있다.

암에 걸리기전에는 난 오피셜^{official} 건강남이었다.

건강남을 넘어 건장남(통통남)이었다. 현재 나는 오피셜 암환자이다. 건강상으로는 일반적으로 건강한 사람보다는 연약한 사람이라는 건 분명하다.

하지만 나의 정신만큼은 누구보다 건강한 사람이라고 자부할 수 있다. 아빠와 엄마의 인성이 나의 인성을 만들었고 아빠와 엄마의 신앙이 나에게 흘러 들어왔기 때문이다. 이렇듯 나의 삶은 부모님 덕분에 잘 흘러왔고 또 잘 흘러갈 것이다.

그래서 나는 나를 그냥 암환자가 아닌 건강한 암환자라고 말하고 싶다.

▶ 나의 다해리스트 10가지를 소개합니다

버킷리스트가 아닌 다해리스트는 살아있는 동안 우리가 만들어가야 할 이야기다.

퇴원 후 돌아올 수 없을 것만 같았던 집!! 집에 들어서자마자, 가장 먼저 했던 일은 검정색 조던 신발이었다. 곱게 모셔두기만 했던 조던 신발. '언젠가 신어야지' 하며 아꼈지만 결국 단 한 번도 신지 못한 채, 때를 놓치고, 그렇게 미련만 남겼던 기억이 스쳤다.

.

.

내가 원했던 것들, 내가 바랐던 순간들, 그 모든 것이 어쩌면 '언젠가…'라고 미루는 말 속에 갇혀 사라졌던 건 아니었을까.

그래서 결심했다.

이제는 기다리지 않기로. 하고 싶은 걸 더는 미루지 않기로. 조금 서툴러도, 조금 무모해 보여도, 다 해보기로!!!

그래서 오늘, 조심스레 '다해리스트'를 적어보기로 했다. 이름하여, 션씨다해리스트!! 그 10가지를 소개한다.

1. 사랑하는 이들과 함께하는 여행

여행은 장소보다 사람이란 걸, 시간이 지나면서 깨달았다. 어디를 가느냐보다 누구와 가느냐가 더 중요하다는 걸 말이다. 소중한 가족, 오랜 친구들과 함께 일대일로 여행을 떠나고 싶다. 서로에게 온전히 집중하며 걷고, 웃고, 가끔은 아무 말 없이 바라보는 그런 여행.

짧은 시간이라도 좋으니, 그 사람의 인생 한 귀퉁이에

작은 추억이 되고 싶다. 그리고 가장 사랑하는 사람, 내 아내와의 여행은 언제나 가장 빛나는 여정이 될 것이다.

특히 아내와 함께하는 세계 일주는 꼭 해보고 싶다.

내가 아니라, 우리가 함께 꿈꾸는 여행. 각 나라의 골목을 거닐고, 현지 시장에서 낯선 과일을 사 먹고, 언어도 서툴고 그 나라의 문화도 다르지만 부딪히면서 앞으로 나아가는 여행. 생각만 해도 기분이 좋아진다.

그러나 내가 생각하는 세계일주는 나라의 꼭지점만 찍고 가는 여행이 아니다. 한 나라에 짧게 머무르는 게 아니라, 2주든 한 달이든, 그곳에 있는 평범한 삶 속으로 들어가 살아보는 여행이다. 각 나라에 친구 한 명씩을 만들고 싶다던 어린 시절의 꿈을… 이제는 아내와 함께 이뤄보고 싶다.

2. 아버지와 골프필드 나가기

아내 생일 기념으로 호텔을 잡고, 아침 운동을 하기 위해 수영장에 갔다. 머리가 희끗희끗한 아버지와 내 또래로 보이는 아들이 수영장 물속에서 천천히 걸으면서 도란도란 이야기를 하는 모습을 본 적이 있다. 그게 왜 그렇게 부럽던지…나도 아버지와 무언가를 하고 싶어졌다. 아버지가 가장 좋아하시는 스포츠는 골프다. 난 현재 골프를 안다고 하기에는 골프 왕초보, 골린이지만 꼭 골프를 제대로 배워 아버지께서 더 나이가 드시기전에 필드에 같이 나가 수영장에서 봤던 부자(父子)처럼 도란도란 이야기도 하고, 골프도 치면서 재미있는 시간을 보내고 싶다. 어릴 때 아버지랑 탁구장에 가서 탁구도 치고 배드민턴을 치며 즐거웠던 시간을 보냈던 시간은 아직도 너무도 소중한 추억으로 남아있다.

그 추억을 다시 리뉴얼하고 싶다. 추억을 그저 추억으로만 간직하지 않고, 다시 살아 숨쉬게 하고 싶다.

3. 바이크 타고 국도 여행하기

아프기 전에 제주도에서 오토바이를 한 대 빌려 아내와 함께 제주도의 절반 정도를 돌았던 여행을 하고 나서

부터였던 것 같다. 제주도를 그 전에도 많이 왔지만 관광 코스만 돌았고 그렇게 밖에서, 겉으로만 보았던 제주도라는 섬은 내게는 그렇게 흥미롭고 아름답다고 느껴지는 곳이 아니었다. 그저 관광지라고 생각했던 그곳이 오토바이 여행을 한 후 완전히 달라졌다.

엔진 소리를 벗삼아, 목적지도 정해두지 않고 달리는 여행…. 해가 지면 쉬어가고, 바다가 부르면 멈춰서 바다를 바라보고 바다의 마음을 느껴보는 여정. 마음 내키는 대로 핸들을 꺾고 마음이 시키는 대로 머물렀다 떠나는 그런 자유를 다시 한 번 느껴보고 싶다.

4. 무대 위에서 노래 부르기

어릴 적부터 코인 노래방을 좋아했다. 무슨 참새가 방앗간 들르는 것처럼 집 앞 오락실 한켠에 있는 코노부스를 들락날락거렸다. 좁고 어두운 코노에서 나만의 무대를 상상하며 노래했다. 이젠 그 꿈을 조금 더 키워보고 싶다. 프로가수는 아니지만 나의 소리로 내 마음을 담아 세상에 전하는 건 부끄럽지만 설레는 일이다.

초등학교 다닐 때 학교 대표로 독창대회를 나가고 교회에서 찬양팀을 하고 밴드도 해서 무대에 섰을 때 느꼈던 그 감동스러운 순간, 그 전율을 다시 느끼고 싶다.

5. 성시경(형)님 만나기

난 발라드를 좋아한다. 어릴 때부터 해외팝송보다 K-pop!! 특히 발라드가 너무 좋았다. 여러 발라드 가수의 노래들을 좋아하지만 특히 내가 좋아하는 가수는 성시경(형님)이다. 목소리와 노랫속에서 들리는 들숨 날숨까지 너무 좋았다. 성시경의 노래는 힘들때마다 언제나 나를 위로해줬다. 지금도 내 차에는 그리고 내 플레이리스트에는 성시경 형님의 노래로 가득하다.

코시국이 끝날 무렵 처음 했던 성시경 형님의 콘서트를 가고 싶어 예약을 하려 했는데 서버가 마비될 정도로 사람들이 몰렸고 금세 매진이 되어 절망에 빠져있을 때 내게 한 줄기의 희망, 사연을 보내 당첨되면 콘서트 초대권을 준다는 글을 보고 마음을 담아 보내게 되었다.

감사하게도 무대 가장 앞자리에서 보게 되는 호사를 누릴 수 있었다. 기스트가 이어준 기회였다. 1만 명이 모인 콘서트장에서 내 사연과 사진이 엄청나게 큰 스크린에 나와서 약간 부끄러웠던 거 빼고는 너무나도 행복했던 시간이었다.(1만명의 관객중 20년만에 대학친구가 내 사연을 보고 연락을 다시 하게 된 것도 소중한 추억이 되었다) 이제 조금 더 욕심을 내고 싶다. 그래서 나의 버킷리스트는 성시경 형님을 사석에서 만나는 것이다. 내 바람으로 끝날 확률이 굉장히 높지만… 글이라도 써보면 언젠가는 기회가 오지 않을까?

그 기회가 온다면 감사의 인사를 꼭 드리고 싶다. 맛난 것도 대접해드리고, 성시경의 노래 한 소절을 함께 부를 수 있다면, 그날은 평생 잊지 못할 순간이 될 것 같다.

6. 프리다이빙으로 자유롭게 바다속 세상을 누리기

물속은 또 다른 세상이다. 공기 대신 물의 무게를 느끼고, 몸을 맡기면 오히려 더 가벼워지는 그 신기한 느낌. 숨을 참고, 온몸의 긴장을 풀고, 천천히 가라앉으며 세상의 소음을 지워가는 경험. 프리다이빙을 통해 물속에서도 자유로워지고 싶다.

아내와 함께 스킨스쿠버를 했을 때, 부모님과 스노클링을 했을 때 보았던 바다속의 풍경은 너무나 아름다웠다. 물속에서 그들이 정해놓은 법칙 안에서 자유롭게 노니는 형형색색의 물고기들을 보면서 나도 물속에서 자유롭게 헤엄친다면 얼마나 좋을까를 생각했다. 아직은 프린이(프리다이빙초보)지만 멋진 장비와 옷만큼 실력도 멋져질 날이 오지 않을까? 그때가 오면 프리다이빙을 하면서 자유롭게 바다속 세상을 누리고 싶다.

7. 나만의 책 한 권 출간하기

20대 때부터 몇 번이고 도전했지만, 번번이 내용이 마음에 들지 않아 썼다가 접기를 반복했다. 뉴욕에 있으면서 뉴욕 관련 영어(공부)와 스토리를 엮은 영세이(영어공부+에세이)책도 초고를 다 완성하고는 회사의 경영난과 프로젝트 팀이 해체되는 바람에 출판을 하지 못했다.

초라할지라도, 내 이야기를 담담히 풀어낸 책 한 권을

세상에 내놓고 싶었다. 그 책이 내 손에 들리는 날을 상상해 본다. 그래서 난 이 책을 쓰고 있다. 이 책이 출간되는 날 내 다해리스트 하나는 이렇게 또 달성된 것이다. 그리고 나아가 앞으로도 좋은 책을 많이 출간하는 작가가 되고싶다.

8. 암환우 돕기

아팠던 시간 동안 나는 참 많은 것을 잃었고, 또 많은 것을 얻었다.

고통 속에서도 웃을 수 있었던 건, 나를 진심으로 걱정해준 사람들 덕분이었다. 아내와 가족들 그리고 기존의 친구들 외에도 암 덕분에(?) 새로 사귀게 된 암친구들과의 시간은 큰 힘과 위로가 되었다.

이제는 내가 그런 사람이 되고 싶다.

아직 거창한 도움은 아니더라도, 따뜻한 말 한마디, 작은 손길 하나로 힘들어하는 암환우의 하루를 밝혀주고 싶다. 반대로 아이러니 하지만 물질로도 도울 수 있는 여력을 갖고 싶다. 특히 젊은 암환자들은 오히려 더 힘들다. 사회고립이 더 심해진다. 젊은 암환우들이 그들의 나래를 펴칠수 있도록 도움을 주고 싶다. 그런 암친구가 되고 싶다.

9. 나만의 서재 유지하기

어릴 적부터 꿈꿔왔던 나만의 공간. 마음껏 책을 펼치고, 조용히 생각을 정리하고, 글을 쓰는 작은 서재. 이제 그 꿈은 현실이 되었다. 벽 한가득 꽂힌 책들 사이에서 나는 때때로 길을 잃고, 때때로 나를 찾아간다. 우여곡절 끝에 생긴 나만의 서재이지만 이 공간이 있어 나는 조금 더 나다운 시간을 살고 있다.

이 다해리스트의 주인공은 사실 내가 아니고 아내이다. 아내가 만들어준 공간이기 때문이다. 그래서 원래의 버킷리스트 제목은 나만의 서재 만들기였는데 여기에서 나만의 서재 유지하기로 변경한다. 이 기회를 비롯해 다시 한 번 고맙다고 말하고 싶다. (나의 서재를 없애지 말아주세요 ㅎㅎㅎ)

10. 유튜브 채널 "션씨다해" 꾸준히 하기

　처음에는 유튜브를 시작하는 게 목표였다. 그 목표를 달성했더니 이제 꾸준히 하는 게 목표가 되었다. 마케팅 회사를 하면서 만들어낸 캐릭터인 마케팅 마스터 곰이, 마마고미라는 채널로 시작했지만 내 채널의 방향과 취지와 더 잘 어울리는 이름인 션씨다해로 변경을 했다.

　이 채널을 통해서 내가 이루어가는 모든 꿈들을 담아내고 싶다. 내 채널을 통해 암환자를 비롯한 다른 사람들의 꿈도 담아내고 싶다. 완벽할 필요는 없다. 부족해도 괜찮다. 중요한 건, 꿈을 꾸는 과정을 함께 나누는 것이라고 생각이 든다. 내 채널 션씨다해를 꾸준히 유지하는 것~!! 그게 마지막 버킷리스트다.

　하고 싶은 일은 끝도 없이 많지만, 이 열 가지는 지금 이 순간에도 내 마음속에서 가장 크게 움식이고 있는 것들이다. 혹시 다 이루지 못한다고 해도 괜찮다. 삶은 늘 예측할 수 없고, 꿈은 늘 수정되기 마련이니까. 중요한 건 우물쭈물하지 말고 그냥 하는 것과 끝까지 포기하지 않는 것이 아닐까? 조금 느려도, 잠시 멈춰도, 다시 시작할 수 있다는 걸 믿는 것. 어설프고, 서툴러도 괜찮다. 그저 시작하고 움직이는 것!

이렇게 내 인생의 '다해 리스트'는 계속될 것이다.

▶ 암환자들에게 전하는 실질적 조언

암환자가 되면 '내 암이 어떤 암일까?' 다시 한 번 생각해보게 되고 정보를 수집하는 시기가 오게 된다. 그래서 밤낮으로 엄청난 정보 검색시간을 보내게 된다.

'과연 내 암은 어디에서 시작되어 나에게까지 오게 된 것인가?'

하는 것에서부터 본인이 걸린 암에 대한 정확한 지식을 찾기 위해 헤맨다. 나 또한 마찬가지였다.

나의 경우는 기스트암으로 가장 큰 커뮤니티를 자랑하는 두 곳의 카페에 가입되어 있는데 다음에 있는 카페와 네이버에 있는 카페 두 군데에 가입을 했다. 두 카페 다 희귀암인 만큼 당연하게도 회원이 크게 많지는 않지만 그 안에서 만나게 되는 정보와 질문을 했을 때 얻게 되는 답변은 너무 감사할 정도로 세세했고 유용했다.

혈액종양내과라 하더라도 내 암을 지닌 환자를 만나기가 쉽지 않기 때문에 담당 의사선생님의 말을 신뢰하지 않는 건 아니지만 내가 더 먼저 챙기고 알아야 한다고 생각했다. 물론 모든 정보가 다 맞지 않을 수도 있다. 그러나 나보다 먼저 이 암을 걸렸고 이 암에 대한 대처법을 잘 알고 있는 암 선배님들의 말에 귀기울여서 나쁠 건 없다고 생각한다.

보호자가 챙겨주길 바라는가? 그렇다면 그런 마음은 바로 쓰레기통에 던져버리라고 말씀드리고 싶다. 암 선배인 안실장님이 해주신 조언은 아직도 마음속에 남는다.

"암환자들은 잘 먹어야 해. 먹고 싶은 건 가리지 말고

다 먹는 게 좋아. 못 먹거나 안 먹는 것보다는 훨씬 나으니까. 항암하려면 그래야 돼. 근데 가족들이 챙겨주길 바라지 말고 본인 먹을 것은 본인이 챙겨! 뭘 바래? 챙겨주면 땡큐고 아니더라도 굶지 말고 알아서 잘 챙겨먹어야지."

그 이후로 난 아내에게만 의지하지 않게 되었다. 오히려 아내가 일하러 갈 때면 내가 도시락을 싸주는 날들이 더 많았고 내가 더 요리하는 날들이 많았다. 암환자 동지들이여!! 본인을 챙기는 일에 있어서 남을 의지하지 말지어다!

암(癌)의 세 개 입(구,口) 이야기

암이라는 글자의 한자를 아는가? 癌 입구가 세 개 있고 그 아래 산이 있다. 물론 전문가들이 보는 관점이야 다 다를 테고 난 한자 전문가도 아니시만 입구가 3개 있다는 점에 포커스를 맞히게 되었다.

(1) 첫 번째 입(口)
: 잘 먹는 입 그리고 좋은 걸 잘 가려서 먹어야 하는 입

좋은 걸 잘 가려서 먹는 것은 정말 중요하지만 사실은 그보다 우선되는 것은 무엇이든 잘 먹는 게 중요하다고 생각한다. 물론 좋은 걸 가려서 잘 먹는게 최고이긴 하겠다.

한 끼의 좋은 밥상만큼 좋은 명약은 없다고 하지 않은가?

암튼 일단 입맛 땡기는 음식이 있다면 몸에 크게 해롭지만 않다면 잘 먹어야 한다.
항암을 하게 되면 체력이 정말로 중요하기 때문이다. 체력을 키우려면 운동이랄지 정말 중요한 게 많지만 가장 중요한 건 단연코 잘 먹는 것이고 이왕 먹을 땐 좋은 음식을 먹는게 중요하기 때문에 잘 먹을 수 있다면 좋은 걸 잘 가려 먹는 건 중요하다.

(2) 두 번째 입(口)
: 수다를 많이 떨어야 하는 입

나의 경우에는 암친구들을 만나게 되면서 수다를 더 많이 떨기 시작했다.

물론 평소에도 대화를 좋아하는 통에 친구들, 가족들, 일하는 동료들과 수다를 떠는 걸 좋아하는데 암의 공통분모를 가진 암친구들이 모여있는 아미북스라는 단체 속에서 공통분모인 암에 대해서 얘기하기 시작했고 그들과 고민을 비롯한 여러 가지 이야기들을 나누었다.

암환우들과 수다를 떨어보니 내 고민이 그들의 고민과 같다는 걸 알게 되었다. 더한 고민도 있었고 덜한 고민도 있었지만 나에게 언젠가 닥칠 고민이기도 했고 내가 해결한 고민이기도 했다. 그렇게 서로 경험과 의견을 공유해가면서 우리들의 관계는 더 돈독해졌다.

(3) 세 번째 입(口)
: 할 말은 하며 표현하며 살아야 하는 입

암에 걸리기 전에도 내가 할 말을 안 하거나 못하며 사는 성격은 아니었지만 가만히 시간을 두고 생각해보니,

싸움이 나려 하거나 분쟁이 생기려 하면 워낙 평화로운 걸 좋아하던 터라 그 순간을 모면하려 하거나 피하는 경우가 더 많았다. 그래서 때로는 손해를 보는 경우도 더러 있었다.

암에 걸린 후, 할 말은 하고 사는 게 건강에는 이롭다는 생각이 들었다.

그래서 불만을 말하기도 하고 거절해야 할때는 파이팅 넘치게 거절한다거나 화를 내면서 강하게 주장을 펼칠 수도 있게 되었다. 그렇게 표현하는 입이 익숙하게 되니 자연스럽게 아닌 건 아니라고 얘기하는 DR. SAYNO(세이노 박사님- No! 라고 잘 말할 수 있는 사람)가 될 수 있었다.

위의 내용은 라이나재단에서 운용하는 암환우와 보호자를 위한 자기돌봄캠프에서 강사로 초청되어 했던 강의 내용중 일부임을 밝힌다. 위의 내용을 가져 온 이유는 내가 암환자가 되어서 생각했던 가장 중요한 자기돌봄에 대한 핵심내용이기 때문이다.

짧게 다시 요약하자면,

남을 의지하지 말고 내 건강은 내가 챙기며 잘 먹는 입, 소통의 입, 표현의 입을 잘 생각해서 생활하다보면 암이라는 산의 정상을 극복하는 데 많은 도움이 되지 않을까 싶다.

나도 계속 세 개의 입을 잘 관리하면서 잘 쉬고 스트레스 관리도 잘 해서 암을 극복하려한다.

말장난 같이 들릴수도 있겠지만 '전처럼 산다면 전처럼 살게 될 것이다.'

암환자가 되기 전과 같지 않은 삶, 새로운 삶을 살면서 더 건강하고 더 멋진 삶을 나도 살고 모두가 그런 삶을 살기를 바라본다.

부록

▶ 암환자 특권과 암티켓

특권이라 쓰고 특이한 권리라고 읽는다.

암환자가 되니 좋은 점이라고 하면 웃긴 것 같다. 좋을 게 뭐가 있을까? 안 좋은 일만 가득하지! 하지만 굳이굳이 찾자면 없는 것도 아니다. 그래서 이걸 난 암환자의 특권이라 썼다.

암환자의 특권이라고 하지만 이게 특별한 권리라고 해야 할지 아니면 특이한 권리라고 풀어야 할지 혼란스럽다. 사실 암에 걸렸다는 게 우리 잘못도 아니고, 부끄럽거나 숨겨야 할 사실도 아니지만 그렇다고 자랑스러워 해야

할 일은 아니니까. 그래도 한도 끝도 없이 늪으로 빠질 수는 없지 않은가? 그래서 최대한 좋은 시선으로 보려고 노력은 해봐야 될 것 같다는 생각이다. 그래서 이 장에서 나오는 내용은 그냥 웃고 넘기면 좋을 것 같다.

첫 번째, 원하는 거 먹을 때 핑계가 확실하다

"오늘은 내가 먹고 싶은 거 먹는 날이야. 나 암환자야." 물론 이런 식으로 말하지는 않지만(그럼 진짜 이상한 사람이 되어버린다), 마음속으로는 이렇게 생각할 수 있다는 거다. 평소에 건강 때문에 참았던 음식들을 이제는 좀 더 당당하게(?) 먹을 수 있게 되었다. 물론 정말 몸에 해로운 건 피해야 하지만, 가끔 비싸더라도 먹고 싶은 게 있다면 당당하게 먹자! 우리는 잘 먹어야 하는 암환자니까!

두 번째, 사람들이 더 친절해진다

암환자라는 사실을 알게 된 사람들이 평소보다 더 따뜻하게 대해준다. 물론 불쌍하게 보는 시선도 있긴 하지만, 대부분은 진심어린 걱정과 응원을 해준다. 가끔은 부담스럽기도 하지만 사람들의 따뜻한 마음을 느낄 수 있어서 감사하다.

세 번째, 우선순위가 명확해진다

"암환자인데 이런 거에 스트레스받을 시간이 어디 있어?"

이 마법의 문장으로 정말 많은 잡다한 걱정들을 날려버릴 수 있다. 진짜 중요한 것과 그렇지 않은 것을 구분하는 능력이 확실히 생겼다. 이건 진짜 특권이라고 할 만하다.

네 번째, 새로운 인맥이 생긴다

암환자 커뮤니티라는 새로운 세계가 열린다. 나이, 성별, 직업을 뛰어넘어 '암'이라는 공통분모로 만나는 사람들. 이들과의 만남은 때로는 일반적인 친구관계보다도 더 깊고 진솔하다.

다섯 번째, 안전지대가 넓어진다

 "내일 할 일을 오늘 해야겠다"는 생각이 자연스럽게 든다. 미루던 일들을 더 이상 미루지 않게 되고, 하고 싶었던 일들을 실제로 시도해보게 된다. 그래서 나의 안전지대가 넓어지는 경험을 할 수 있게 된다. (이건 정말 큰 변화다.)

 이런 '특권'들이 정말 특권인지는 모르겠다. 하지만 확실한 건 암에 걸리고 나서 삶을 보는 시각이 많이 달라졌다는 것이다. 모든 일에는 양면이 있다고 하지 않는가. 암이라는 어둠 속에서도 작은 빛들을 찾아보려는 노력, 그것이 살아가는 데 필요한 지혜가 아닐까 싶다.

▶ CHAT GPT가 알려준 암티켓 (암환자를 대하는 에티켓) 10가지

암환자가 된 후 상처가 되는 말을 들을 때가 있었다.

"요즘 암 많이 걸리더라. 별거아니던데, 다 치료되더라!"

라고 하는 말이 내게는 가장 거슬렸다. 그런말을 들을 때마다, '너가 걸려도 그런 생각이 들까?' 라는 생각이 들었다.기 때문이다.

암환자를 대할 때 지켜야할 에티켓인 암티켓을 한번

쯤은 보고 가면 좋을 것 같아서 부록으로 싣게 되었다. CHAT GPT에게 물어본 답변이 내가 쓴 글보다 너무 마음에 들어, 이곳에 옮기게 되었다.

암환자를 만날 때 마음에 새겨두면 좋을 10가지 암티켓

1. 검증되지 않은 치료법이나 조언은 조심스럽게

"이런 음식이 암에 좋다더라", "○○ 치료법 들어봤어?", "자연요법도 한번 알아봐" 같은 말들이 있죠. 도움이 되고 싶은 마음에서 나오는 말이지만, 환자분은 이미 의료진과 충분히 상의해서 가장 적합한 치료 방법을 찾아가고 있을 거예요.

2. 외모 변화에 대한 이야기는 신중하게

항암치료를 받으면서 생기는 탈모나 체중 변화, 안색 변화 등은 환자분 본인이 가장 잘 알고 계시고, 또 가장 예민하게 느끼는 부분이기도 해요. "많이 야위었네", "머리가…", "안색이 좀…" 같은 말보다는, 그 분의 내면의 아름다움이나 평소와 다름없는 모습에 집중해서 대화하는 것이 어떨까요.

3. 지나친 동정보다는 따뜻한 관심으로

"정말 안됐다", "너무 불쌍해", "왜 하필 너에게 이런 일이" 같은 말들이 위로가 될 거라고 생각하기 쉽지만, 때로는 환자분을 더 움츠러들게 만들 수도 있어요. 사실 환자분들도 평소와 같은 자연스러운 대화를 원하는 경우가 많답니다.

4. 긍정적인 마음은 좋지만 강요하지는 말아요

"긍정적으로 생각해", "마음먹기 나름이야", "의지력으로 이겨내", "웃으면 낫는다고 하잖아" 이런 말들은 분명 좋은 의도에서 나오는 것이지만, 환자분에게는 부담이 될 수도 있어요.

5. 다른 분들과 비교하는 것은 조심해주세요

"○○씨는 금방 나았는데", "△△는 더 심했지만 완치 됐어", "나이가 젊으니까 괜찮을 거야" 같은 비교는 좋은 의도일 수 있지만, 오히려 불안감을 키울 수 있어요.

6. 궁금한 마음은 이해하지만 너무 자세한 질문은 부담스러울 수 있어요

치료가 어떻게 진행되고 있는지, 예후는 어떤지, 치료비는 얼마나 드는지…. 궁금한 마음은 충분히 이해해요. 하지만 "몇 기야?", "치료비는 얼마나 들어?", "의사가 뭐래?" 같은 질문들은 때로는 부담스러울 수 있답니다.

7. 원인을 찾으려 하기보다는 현재에 집중해주세요

"담배 때문인가?", "스트레스를 너무 받아서 그런 거 아니야?", "운동을 안 해서", "가족력이 있나?" 같은 질문들이 자연스럽게 나올 수 있지만, 이런 말들은 환자분에게 죄책감을 안겨줄 수 있어요.

8. 힘든 마음을 털어놓을 때는 충분히 들어주세요

환자분이 힘든 감정을 표현할 때 "괜찮을 거야", "다 잘 될 거야", "너무 걱정하지 마" 같은 말로 빨리 위로하려 하기보다는, 먼저 그 마음을 충분히 들어주시면 어떨까요.

9. 너무 종교적이거나 운명론적인 해석은 신중하게

"하늘이 주신 시련이야", "전생의 업보", "신의 뜻", "운명이니까 받아들여" 같은 말들은 각자의 신념에 따라 다르게 받아들여질 수 있어요.

10. 격려도 때로는 부담이 될 수 있어요

"열심히 싸워", "꼭 이겨내야 해", "포기하면 안 돼" 같은 격려의 말들도 때로는 무거운 짐이 될 수 있어요. 마치 치료 결과가 오로지 환자분의 의지나 노력에만 달려있는 것처럼 느끼게 할 수 있거든요.

CHAT GPT의 답변을 보면서 사람보다 AI가 낫다는 생각이 들었다. 인공지능도 알고 있는 사실을 자연지능(?)인 우리들은 당연히 알아야 하지 않을까?

더불어 암환우들을 대할때는 평소와 다름없이 자연스럽게 대하고, 필요할 때 실질적인 도움을 드리고, 환자분의 이야기에 귀 기울이며, 조용히 곁에 있어주는 것만으로도 충분히 큰 힘이 된다. 때로는 많은 말보다 따뜻한 관심과 변함없는 마음이 더 소중한 선물이라고 생각한다.

위의 암티켓 10가지를 참고해서 대하면 큰 무리가 없을 것이다.

(암환자인 내가 보장한다 ^^)

여러분의 다해리스트를 작성해보세요!

나의 다해리스트

1.

2.

3.

4.

5.

나의 다해리스트

6.

7.

8.

9.

10.

▶ 에필로그

고마움의 인사

 이 책을 쓰면서 나는 내 인생을 다시 한 번 정리할 수 있었다.
 아픈 기억들도 있었고, 감사한 순간들도 있었다. 무엇보다 이 모든 과정을 통해 나는 진정한 삶의 의미를 찾아갈 수 있었다.

 암이라는 산을 만나면서 나는 많은 것을 잃었지만, 동시에 많은 것을 얻었다. 건강을 잃었지만 삶의 소중함을 얻었고, 체력을 잃었지만 정신력을 얻었다. 때로는 절망했지만 더 큰 희망을 품게 되었다.

이 책을 읽는 모든 분들이, 특히 같은 길을 걷고 있는 암환우분들과 그 가족분들이 작은 위로와 용기를 얻으셨으면 한다. 그리고 건강한 분들도 오늘 하루를 더 소중히 여기며 살아가셨으면 하는 바람이다.

STOP THINKING!! JUST DO IT!!

우물쭈물할 시간에 그냥 하자. 완벽하지 않아도 좋다. 서툴러도 괜찮다. 중요한 건 시작하는 것이고, 포기하지 않는 것이다.

이 책의 이야기는 여기서 끝나지만, 나의 '다해리스트'는 계속될 것이다. 그리고 이 책을 읽는 여러분의 다해리스트도 오늘부터 시작되기를 바란다.

존재만으로도 고맙지만….

암환자가 되고 나서 내게 존재만으로도 고맙지만 더 고마운 존재가 된 사람들이 있다. 부모님을 비롯한 양가 가족분들이 그러했고 친척들과 친구들이 그러했다. 물론 지인분들도 있다. 늘 아프냐고 걱정해주는 친구들 그리고 내가 혹시나 어떻게 됐을까 봐(?) 주기적으로 안부를 물어주고 걱정해주며 기도해주는 친구들이 있었다. (이름을 거론하는 순서가 내 마음속의 우선순위가 아님을 밝혀둔다. 그리고 혹시라도 이름이 누락된 분들이 있다해도 서운해하지 마시길…)

내가 아프다는 얘기를 듣고 한달음에 오지 못한 것을 너무나 미안해했다. 사실 병원에 있을 때도 병문안을 오고 싶어하긴 했지만 와봤자 코시국이었기 때문에 병원 안으로 들어오지도 못할 뿐더러 괜스레 그렇게까지 한다는 게 너무 미안하고 생활을 무너뜨리는 느낌도 들었던 게 사실이다.

늘 괜찮냐고 먼저 안부를 물어보고 내가 퇴원하자마자 자기 일처럼 여겨주며 비싼 산양유를 보내주고 건강식품도 보내주고 베이글을 돈도 받지 않고 보내주고 서로 힘들 때 서로에게 힘을 주는 동령, 늘 걱정과 응원을 해주며 가게와 구이당 사진, 영상을 저렴한 금액으로 찍어주고 늘 내게 수다로(?) 힘이 되어주는 영준, 브레이브 퀸즈

그릭요거트를 몇 달 동안 돈도 받지 않고 보내주고 지금까지 늘 내가 잘 되길 바라며 아이디어와 브랜딩을 도와주는 승한, 고등학교때부터 신앙의 동지로 늘 서로 기도해주고 응원해주는 건형(이가 사준 삼계탕 참 맛있었다), 군 동기로 만나 친구처럼 늘 신경 써주고 내가 잘 되길 바라는 마음으로 응원하는 동생 지성, 그리고 군사모 멤버들, 청이, 종호, 민우, 준혁 (건강하자! 곧 보자!) 미국에서 한의원을 운영하며 한국에 오자마자 괜찮냐며 진심으로 걱정해주던 친구 재성, 교회동생으로 시작해 룸메이트로 지금은 마인드메이트로 늘 날 위해 기도해주고 응원해주는 동생 성주 그리고 루디, 행사 소개도 해주고 광주오면 언제든 연락하라고 반겨주는 친구 신후, 아플때 비타민도 추천해주고 걱정해주었는데 먼저 간 친구 故승훈, 키만 크게 아니고 마음도 큰 친구 하지만 바빠서 잘 보기 힘든 대로, 결혼식 축가를 망쳐서 맘 한구석에 늘 미안함을 갖게되는 친구 제비제현, 성시경형님 콘서트에서 내 사연을 보고 다시 연락을 하게 된 고마운 친구 정은, 암밍아웃 글을 보고 괜찮냐며 응원하고 격려해준 노래 잘하는 대학교 친구 소은, 힘들때 응원하고 격려해주는 지혜, 골프를 가르쳐 주겠다고 스크린골프장으로 매주 불러 골프도 가르쳐주고 고마운 길표, 어떨 땐 형들 보다 착하고 듬직한 동생 희형, 대학때부터 늘 선배라며 챙겨주고 걱정해주고 응원해주는 대학후배이자 동생 기홍이 와 기홍이의 정신적 지주이자 똑똑하고 착한 중학교후배 여미, 유튜브를 시작하도록 문을 열어주고 새로운 꿈을 꾸게 문을 열어준 성화, 내가 아플 때 바디꾹을 주인처럼 신경 써주며 친형부처럼 건강을 챙겨준 고마운 송이, 마케팅의 세계로 초대해준 마케팅 멘토 태양, 그리고 지금 함께 같은 공간에서 마케팅을 실행하며 고생하는 마케팅 브라더 태현, 간판의 세계로 초대해주고 늘 잘되길 응원하고 함께 일을 도모하며 뒤에서 묵묵히 응원해주는 영천형, 힘들었던 시절 멘토처럼 옆에서 상담해주고 만날 때마다 웃음을 주고 힘이 되어준 재욱형, 암에 걸렸다는 소식을 듣고 위로의 선물(?)도 보내주고 늘 생일때마다 감동의 선물을 보내주며 데일카네기코스를 소개해준 고마운 동생 보경 그리고 한때 내 헤어를 책임지고 내게 영어를 전수받은(?)보정, 늘 서로의 안부를 전하고 격려해주고 응원하는 목포통역단 동생들. 세영,은순,보나,효선 그리고 잠언, 영어MC 일로 알게 되었지만 이제 인스타그램에서 삶을 쉐어하고 서로 안부를 물으며 응원하는 동생MC 예주, 입시영어학원을 훌륭하게 해 나가고 내게 동기부여를 해주는 동생 진우 그리고 진우의 슈퍼파워 원동력 진우와이파이 윤희, 힘든 삶속에서 일도 트레이딩도 멋지게 해내는 트레이더스 중 결국 3총사로 남게된 친구들 현석 그리고 엄지동생, 유튜브시조새이자 영상멘토 우키티비 욱희형, 복싱체유관코치였고 현재는 가락동에서 멋지게 처마집을 운영하고 있는 동생 준호 그리고 선하고 부드러운 카리스마의 처마집대표 정현대표, 법적인 일이 있을때 늘 든든하게 상담해주는 경은형, 몇 없는 대학후배이자 가끔 책과 책깔피를 선물해주는 센스의 소유자 은선, 제주도 법환동에서 감성있는 커피와 친절함으로 늘 손님들을 감동시키는 맑은 영혼 현우와 세대차가 나는걸 감수하고 늘 대화를 맞춰주는 고마운 지현, 혜영이 친구이자 늘 만날때마다 반가운 에너제틱 맘 효선, 미국에서 고생하지만 꿈을 위해 달리는 주이, 암에 걸렸다고 응원한다고 체육관 비용을 몇 개월간 무료로 해준 펀치팩토리 대표 승재형과 복싱고수이자 주식고수인 양코치-민호형, 육공클럽장이자 결혼하고 더 멋지게 사는 재용, 잊을만할때가 되면 늘 먼저 전화로 안부전하는 반가운 친구 홍창, 애로우잉글리쉬 동기이자 능력있는 프로그래머 병정형, 영준이형이지만 친구보다 날 먼저 챙겨줄때도 있는 센스있는 세진형, 군 후임이자 대전에서 멋지게 인테리어 사업하는 동생 상우, 바다꾹 로고를 만들어주고 기도로 동역하는 석종형 그리고 바다꾹까지 찾아와 응원해준 따뜻한 현철형, 바다꾹의 보물 우리 선생님들, 느즈막히 꿈을 위해 공무원을 도전하고(멋지다!) 합격을 앞에 두고 있는 대학친구 승빈, 화순을 책임지는 공무원이자 연락은 힘들지만 오랜만에 봐도 어제 본것같은 친구 경수, 결실을 맺진 못했지만 한때는 프로젝트를 같이 했고 우쿨렐레에 인생을 건 멋진 태화형, 바오밥나무 사진을 세상에서 가장 멋지게 찍으시는 작가이자 힘내라며 직접 찍은 사진을 보내주신 미식형님, 뉴욕에서 멋진 삶을 살고 있는 보고싶은 유진형, 광주에서 식당 개마고원을 훌륭하게 운영하며 힘내라고 맛있는 반찬과 국거리를 보내주는 은혜누나, 구이당이 진심으로 잘되길 바라며 늘 신경써주는 코람데오 광신대표 그리고 그의 아내 대리님, 태국에서 만난 태국어 잘하는 유쾌한 동생 홍석, 선생님이 암걸렸다고 가게로 한걸음에 달려와준 암선배이자 따뜻한 마음의 소유자 이며 몇 안되는 제자 성현, 창수 그리고 선생님 눈썹 이쁘게 해주겠다고 돈도 안받고 재능기부 했던 제자 혜수 그리고 제자 수지,

고등학교 선배이자 연락할때마다 그리고 볼때마다 반가운 승준형, 배우였던 친구가 하나님 감동으로 지금은 목회의 길을 걷고 있는 멋진 대혜, 결혼 후 잘 보지 못하지만 금융문제가 있을때 언제든 연락하라 최선을 다해 도와주는 어릴 적 친구 현석, 내게 최적블로그로 가는 길을 선물해준 카네이션도자작가 도화소영, 암밍아웃했을때 응원의 메시지를 날려준 동명교회 고등부 친구들, 석희, 라영, 새미, 이삭, 신영 그리고 멋진 드러머 동생 훈, 중학교 친구이자 지금은 미국에서 오순도순 너무 멋있게 삶을 살아가는 정애, 호주에서 응원해준 원미, 교회친구이자 필라테스 고수 친구형주, 호주 타운즈빌에서 결혼 후 더 멋져진 형창, 헬스장에서 만나 인연이 된 동생 성훈, 늘 멋지셨던 사역자 강현철목사님, 과는 다르지만 날 늘 응원해주는 후배 혜지, 사당집을 1년동안 무상으로 살게해주신 넓은 마음의 소유자 효정누나, 지금은 연락이 잘 안되지만 서울에 있을때 큰 힘을 준 임기 그리고 임기아내이자 구이당을 응원해주고 먼저 안부를 물이뵈준 고마운 친구정은, 중학생때 내게 늘 힘을 준 세연누나, 더하기 반주자이자 멀리서 서로 응원하는 원희누나, 멋진 목소리의 소유자 가수 우진형, 커피에 인생을 걸었고 만날때 늘 환한 웃음으로 맞아주는 동생 다니엘, 영어티칭의 핵심을 전수해주시고 아플 때 위로전화해시시고 기도로 응원해주시는 애로우잉글리쉬 최재봉선생님, 나 이상의 나를 표현해준 스타일그래퍼 대표님과 스타일 디자이너샘들 그리고 촬영감독님, 장지교회 홍승영목사님, 기도로 힘이 되어주시고 늘 격려와 응원을 해주신 장지교회성도님들, 그리고 고향에 있는 동명교회 이상복담임목사님과 성도여러분들의 기도와 격려, 응원 감사드립니다.

아프고 나서 태국에 갔을 때 눈물을 흘리며 나를 맞아주고 걱정해주고 서로 끊임없이 응원해주는 태국 친구들도 있었는데 방콕에서 가장 맛있는 케이크를 만드는 Bakesjourney 대표이자 르 꼬르동 출신 쉐프 Yu Naparson, 그리고 태국 유명 틱톡 채널 born2eat을 운영하는 그의 남친 Peepothecat, 방콕에서 젊은 사람들의 의식을 깨우는 출판사에서 중요 업무를 맡고 있고 K-POP과 한국의 문화를 좋아하는 마음 따뜻한 친구 Matt Tortong Tonglor, 더블린에서 응원과 격려를 보내주는 친구 Mark와 소현이, 멋지게 자신의 삶을 살아가는 바디꾹 애용자 동생 수연, 영어레크레이션협회 동지들, 영어레크레이션 창시자이자 영어레크레이션을 전수해주신 영어레크레이션 마스터 신재봉선생님, 넘사벽 진행을 하는 영어레크선배 레이정민형, 타고난 기획자 타일러태훈형, 창의력과 지혜가 넘치는 기획자이자 멘토이며 암선배인 안실장님, 지금은 암투병을 하시다가 하늘의 별이 되신 레크레이션계의 거목 故박흥세사장님 감사합니다.

책을 쓰도록 용기를 주시고 귀한 손을 내밀어 주신 출판사 '작가의 집' 대표 황준현 작가님 그리고 너무너무 고생하신 편집장님 너무너무 감사의 인사를 드립니다.

데일카네기를 소개해준 보경이와 홍헌영 상무이사님을 비롯 강환영소장님, 이상목실장님, 김현정강사님, 조민정강사님, 함정기강사님외 여러 강사님들과 데일카네기508기 동기님들, 510.511.514기 리더님들과 함께한 코치님들께도 감사드립니다.

암에 걸린후 늘 나에게 자존감을 올려주고 힘이 되어준 아미북스, 아미다해 친구들 특히 아미북스 대표인 진희 누나, 아미다해에서 만난 진국 영란, 껍딱지 솜이와 다니는 너무 어려보이는 이쁜 연경누나, 메밀호로록을 운영하는 맛손장인 정아누나, 췌장암을 극복하고 늘 도전하는 멀티플라이어 석진형님, 드림카를 태워준 대마도형님 세은형 그리고 감성 넘치는 작품으로 마음을 위로해주는 작가-차차누나, 대마도에서 내 발을 제일 많이 걱정해주고 토크쇼 패널로 소개해주신 백진영대표님, 대마도여행 패밀리 형님들과 누님들 그리고 수고하시는 이사님들, 젊은 암환우들의 모임, 리버스 친구들 모두 화이팅! 선한 기업들 하니메디컬, 바이아띠, 비타씨리즈, 쌀로상회, 시아스 쵸이스, 오가닉마더, 오래오랩, 올리브피쉬숍, 이뮨오푸드, 피스하나, 하니메디컬 과 대표님들께도 감사함을 전합니다.

기스트와의 만남부터 수술과 치료, 검사를 극강 친절로 책임지고 케어해 주신 이대서울병원 소화과 이윤택 교수님, 혈액종양내과 이수진 교수님, 소화기내과 최아름 교수님 너무너무 감사합니다.

아버지, 어머니, 아버님, 어머님 그리고 우리 형제, 자매, 처형, 처남 그리고 전국에 흩어져 각자의 사명을 밋시

게 수행하고 계시는 모든 친가, 외가 가족분들의 기도로 살 수 있었습니다. 우리 조카들, 한빈, 우빈, 로빈, 휘아 파이팅이다!! 너무 감사합니다. 그리고 사랑합니다.

그리고 무엇보다 이 모든 여정을 함께해준 내 아내에게 가장 큰 감사를 전한다. 암환자 남편을 둔 아내로서의 고충과 어려움이 얼마나 컸을까…. 나를 포기하지 않고 함께 이 길을 걸어준 것만으로도 너무 고마운 일이고 때로는 서로 이해하지 못해 상처를 주고받기도 했지만, 그 모든 과정들이 우리를 더 단단하게 만들어주었다고 생각해…. 고맙고 사랑합니다. 아프지말고 건강합시다.

마지막으로
이 모든 과정을 통해 나를 인도하시고 붙들어주신 하나님께 감사드린다. 때로는 원망스럽고 이해할 수 없는 순간들도 있었지만, 지금 돌아보니 모든 것이 합력하여 선을 이루어가는 과정이었음을 깨닫는다. 완치라는 단어를 사용하기에는 아직 너무나도 갈 길이 멀지만 주어진 시간 동안 최선을 다해 의미 있는 삶을 살아가겠습니다.
그리고 이 책의 마지막장까지 넘기신 모든 분들의 건

강을 위해 기도합니다.

다시 삶을 주신 그날로부터 4년이 흐른 2025년 7월 3일

저자 정선우 올림

【삶이 풍성해 지는 질문】

1. 당신이 우물쭈물하고 있는 이유와 당신이 하고 싶은 '다해리스트'는 무엇인가요?

2. 오늘 당신이 가장 감사한 건 무엇이고 감사한 사람은 누구인가요?

3. 이 책을 덮은 후, 당신이 가장 먼저 하고 싶은 일은 무엇인가요?

이 책의 수익금 일부는

암환우 지원 사업에 기부됩니다.

우물쭈물 살 뻔했다

발행일	2025년 7월 3일 초판 1쇄
지은이	정선우
펴낸이	황준연
편집인	오형석
펴낸곳	작가의 집
출판사등록	2024.2.8(제2024-9호)
주소	제주도 제주시 화삼북로 136, 102-1004
이메일	huang1234@naver.com
연락처	010-7651-0117
홈페이지	https://class.authorshouse.net
ISBN	979-11-94947-18-9(03810)

· 이 책은 저작권법에 의하여 보호를 받는 저작물이므로 무단 전재와 복제를 금합니다.
· 파본은 구입하신 서점에서 교환해드립니다.